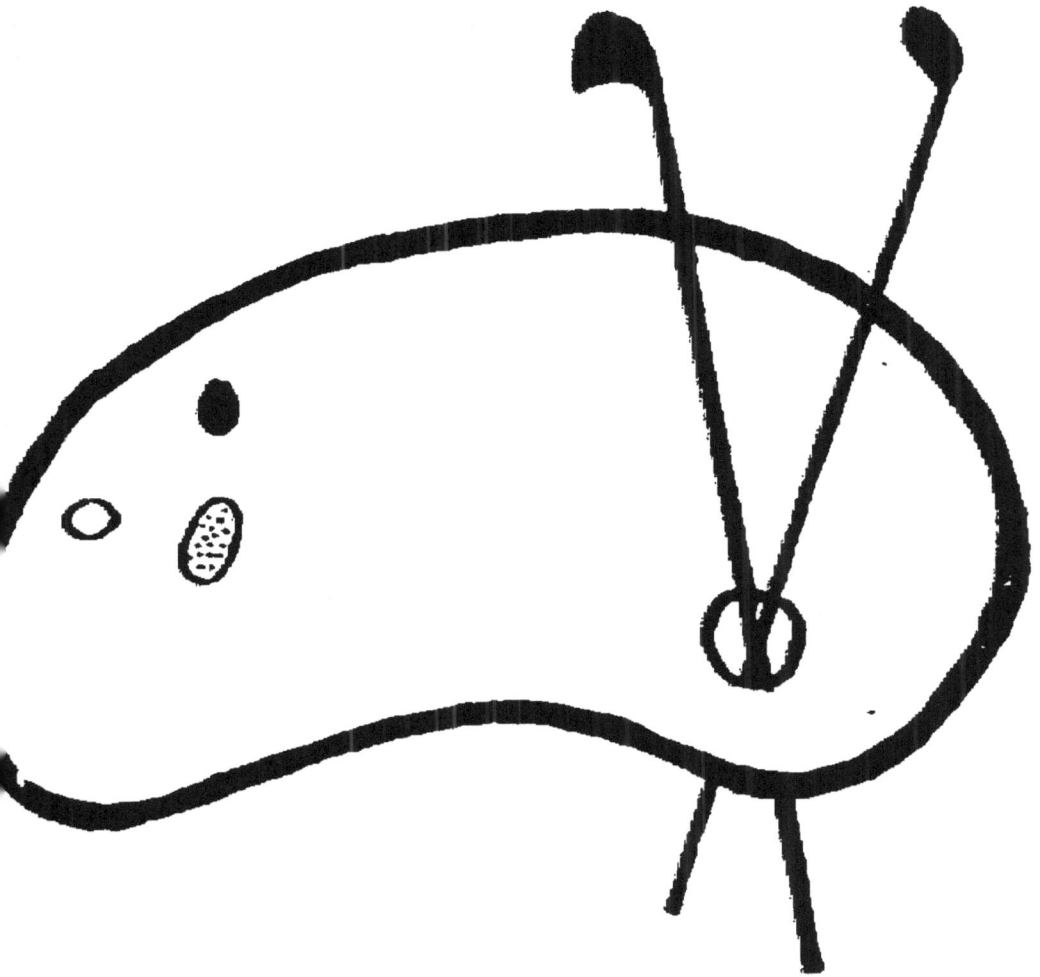

DEBUT D'UNE SERIE DE DOCUMENTS
EN COULEUR

J.-J.-A. PILOT

———————

BIBLIOTHÈQUE HISTORIQUE DU DAUPHINÉ

———————

LA CHARTREUSE

DE

PRÉMOL

PRÈS URIAGE

———————

GRENOBLE

Xavier DREVET, éditeur

LIBRAIRE DE L'ACADÉMIE

14, RUE LAFAYETTE, 14.

SUCCURSALE A URIAGE-LES-BAINS

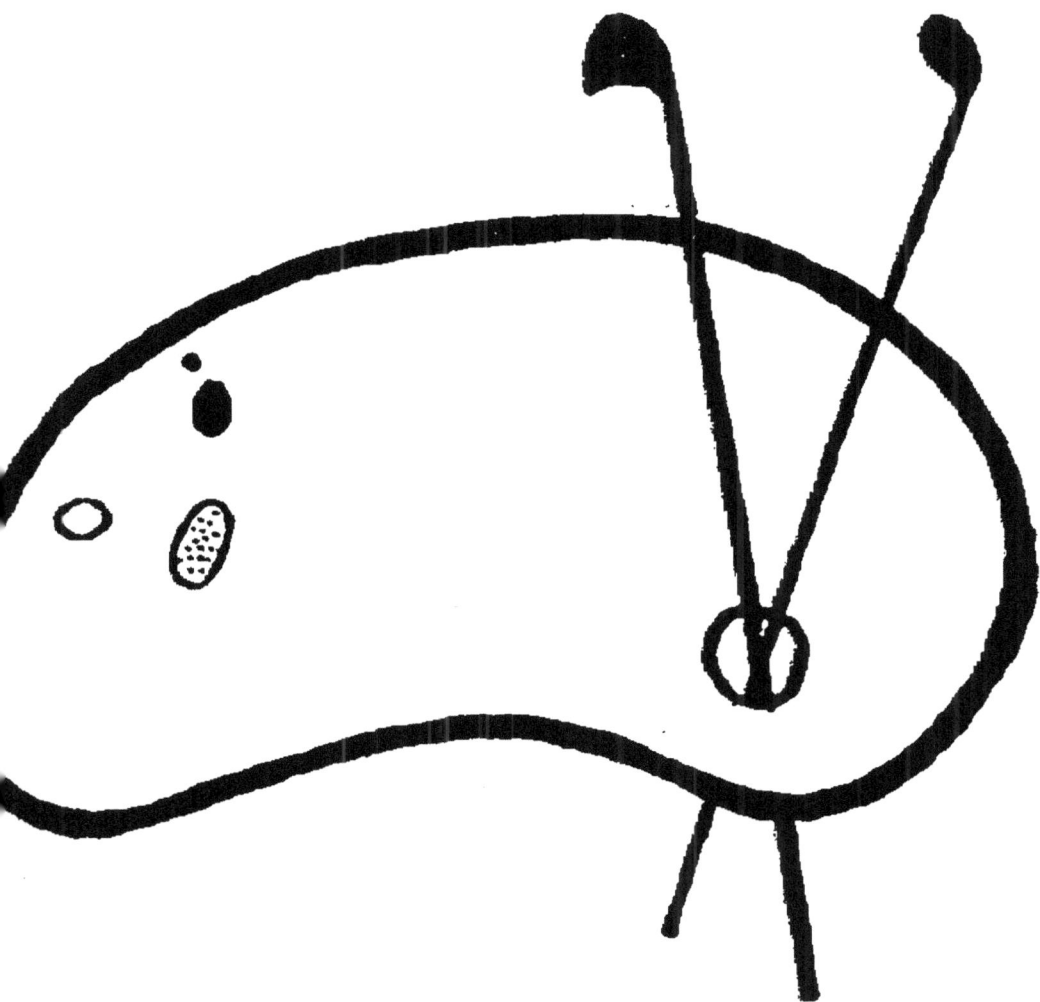

FIN D'UNE SERIE DE DOCUMENTS
EN COULEUR

CHARTREUSE DE PRÉMOL

Extrait du journal *le Dauphiné*.

Grenoble. — Imp. Rigaudin

J.-J.-A. PILOT

Bibliothèque historique du Dauphiné

CHARTREUSE

DE

PRÉMOL

PRÈS URIAGE-LES-BAINS

GRENOBLE
Xavier DREVET, éditeur
LIBRAIRE DE L'ACADÉMIE
14, rue Lafayette, 14
SUCCURSALE A URIAGE-LES-BAINS

CHARTREUSE DE PRÉMOL.

La Chartreuse de Prémol fut fondée par Béatrix de Montferrat, femme du dauphin Guigues-André, le premier de nos dauphins de la seconde race (1). Cette princesse, ayant conçu le projet d'instituer une maison de religieuses, demanda, pour leur établissement, aux chanoines de la prévôté d'Oulx et au prieur de Vaulnaveys un lieu, sur cette paroisse, où résidaient des religieux dépendant de cette même prévôté. Ces

---

(1) Guigues-André, fils d'Hugues III, duc de Bourgogne, mort en 1192, et de Béatrix de Viennois, fille de Guigues V, comte du Graisivaudan, mariée, en premières noces, à Guillaume-Ildefons, dit Taillefer, comte de St-Gilles, fils de Raimond V, comte de Toulouse, et en secondes noces à Hugues III, duc de Bourgogne, veuf d'Alix, princesse de Lorraine ; de ce dernier mariage est né le dauphin Guigues-André. L'identité du nom de Béatrix est cause que des écrivains ont attribué à Béatrix de Viennois, mère de ce dauphin, la fondation de Prémol, due évidemment à Béatrix de Montferrat; car cette fondation date de 1234, époque où ne vivait plus Béatrix de Viennois, décédée en 1228.

chanoines, leur prévôt et Alleman, prieur de Vaulnaveys, entrèrent dans les vues de la dauphine. En
conséquence, ils s'empressèrent de lui faire l'abandon
de tout ce qu'ils possédaient sur la montagne de Prémol; de la sommité à la Roche-Ferrière, en suivant le lit du ruisseau des Mouilles et la descente des
montagnes des côtés du levant, du nord et du cou-
chant, vers l'église. L'acte confirmatif de cette cession
fut passé à Oulx, le jour des calendes de septembre
1234.

La dauphine établit à Prémol un couvent de filles
sous le vocable de Sainte-Marie. D'après un autre
acte du 30 janvier de l'année suivante, elle fit
donation au nouveau monastère de tous les biens que
venaient de lui céder les chanoines d'Oulx, avec les
bois, alpages, prés et autres droits en dépendant ; elle
y ajouta une condamine de terre, un pré et une grange,
situés à Brié; le droit qu'elle avait, au Bourg-d'Oisans, sur l'île appelée Vieille-Morte et ce qui lui appartenait sur la paroisse de Saint-Jean-de-Vaux. Le
dauphin Guigues-André, de son côté, permit à la communauté naissante d'acquérir des biens et de recevoir
des donations.

Telle est l'origine de la Chartreuse de Prémol, que
les dauphins prirent sous leur garde et qu'enrichirent
bientôt de nombreux dons faits par ces princes, par
de riches familles et par des habitants du lieu et des
paroisses voisines.

Le 8 des ides d'octobre 1239, Odon Alleman, seigneur d'Uriage, donna, pour le salut et le repos de
son âme et de celles de ses parents, à la maison de
Prémol, tout le droit qu'il avait sur la maladrerie de
Vaulnaveys, avec les terres, vignes, prés et forêts

qu'il y possédait, ainsi que les censes et rentes qu'il était en usage d'y percevoir, à la charge , par le monastère, de tenir constamment dans cette maladrerie un religieux, un clerc et deux lépreux. Cette donation fut passée à Prémol, dans la salle capitulaire où se trouvaient réunies les religieuses, savoir: Lagière, prieure ; Villelmine, de Gap, sacristaine ; Villelmine, de Viviers ; Anastasie, célérière; Pétronille, de Lyon ; Jacquette, de Vienne ; Marie Bonne-Amie ; Anne, de Valence ; Jeanne ; Catherine ; Bérengère ; autre Catherine, fille dudit seigneur Odon, donateur (1) ; étant présents les témoins : Guigues, prêtre de Prémol ; Pierre Margail, clerc ; frère Ponce, de Trièves; frère Giraud ; frère Humbert Eschurard. L'acte a été reçu par Pierre Vuillaume, notaire en vertu d'autorité du sacré Palais ; présidant le pape Grégoire IX dans l'Eglise Romaine, et régnant l'empereur Frédéric (2).

Le même Odon et Raynaud, son frère, promirent à ces religieuses une rente annuelle de 30 sous viennois qu'assura, plus tard et après leur mort, Guigues Alleman, fils d'Odon, afin d'accomplir les intentions de son père et de son oncle. Il devait, de son côté, au monastère de Prémol, de l'ordre des Chartreux, une

---

(1) *Lageria, priorissa; Villel. de Gap, sacrista; Villelma, de Viver; Anastasia, celleraria; Petronilla, de Lugduno; Jacoba, de Vienna; Maria Bonnamica; Anna, de Valentia; Johanna; Caterina; Berengaria; Caterina filia dicti domini Odonis.* On voit qu'il était d'usage que nos religieuses de Prémol joignissent parfois à leur nom propre ou de baptême, celui de leur famille ou du lieu de leur naissance, comme le pratiquent d'autres ordres religieux.

(2) *Papa Gregorio IX° in romana Ecclesia présidente et Frederico imperatore regnante.*

rente annuelle de 70 sous viennois, pour la réception de sa fille Anglaise, admise à prendre l'habit régulier; dans le but de s'acquitter de cette double dette, au capital de 100 livres viennois, il donna, remit et assigna au frère Ponce, convers, procureur dudit monastère, la montagne de Recoin, depuis le col des Laux jusqu'à Chamrousse (1), pour en faire et user par les religieuses comme de leur chose propre, et ainsi qu'elles l'entendraient, avec défense expresse, par ledit Guigues, à ses héritiers, successeurs et ayants-droit de troubler et inquiéter les mêmes religieuses, voulant, si jamais le cas se présentait, que celui ou ceux qui oseraient agir ou venir contre ladite cession, vente ou donation, fussent excommuniés et qu'ils encourussent la peine de Datan et d'Abiron, engloutis vivants à cause de leur orgueil et de leur iniquité. A cet acte, passé à Uriage le 17 des calendes de novembre 1260, furent présents : Falques, évêque de Grenoble et le prévôt de Saint-André de cette ville, qui, pour donner à la Charte plus de force, la scellèrent de leurs sceaux; ce que firent aussi Guigues Alleman et Ponce, procureur de Prémol.

Le dauphin Guigues VII, fils de Guigues-André, par son testament du 5 des calendes de février 1267,

---

(1) *Quemdam montem qui vocatur Ricoyl, qui durat et protenditur usque ad collum laqueorum et ab illo collo usque ad Culmen Rupham.* Ces confins sont: d'un côté les anciens lacs ou laux, aujourd'hui en partie desséchés, n'étant plus que des marais, et de l'autre Chamrousse, appelée ici *Culmen Rufa,* c'est-à-dire sommité Rousse, d'où, par une prononciation usitée dans le pays, on a dit sammité et successivement chammité. Ainsi ont dû se former les mots Chamrousse, Chamchaude et autres mots semblables désignant des sommités de rochers.

légua au couvent de Prémol, pour y tenir trois prêtres outre ceux qui s'y trouvaient attachés, 25 livres de rente annuelle, imposées sur les revenus de sa terre de Vizille, sous la clause qu'il maintenait cette rente lors même que les religieuses n'auraient pas ces trois prêtres de plus; seulement, dans ce cas, la rente au lieu d'être de 25 livres, n'était plus que de 20 livres. Ce prince, en mémoire de sa mère qui avait fondé ce monastère, exprima par ce même testament sa volonté d'y être enterré, préférant cette sépulture à celle que son père avait choisie dans l'église de Saint-André, à Grenoble, qu'il avait fondée pour être sa chapelle delphinale.

Déjà bien auparavant, en 1240, le même dauphin avait cédé aux moniales de Prémol un tènement de terre, dite *La Mendria*, située à Peyrins, dans le voisinage de Romans; tènement échangé par lui, en 1252, contre un autre plus considérable, joignant les clôtures du bourg de la Mure, et dès lors plus à la convenance des religieuses, auxquelles il fit don aussi, en 1257, de fonds près de leur église, en échange d'une cense de 60 sols qu'elles prenaient sur la leyde du marché de Vizille.

Valbonnais, auteur de l'Histoire du Dauphiné et des princes qui ont porté le nom de dauphin, en indiquant le legs fait par Guigues VII, dans son testament, au couvent de Prémol, croit devoir induire, soit des termes de *trois prêtres* dont il s'agit dans cet acte, soit aussi du mot *nuntius*, nonce, messager, administrateur, employé dans l'acte de fondation du monastère en question, que, dans l'origine, les religieuses n'auraient point été sous la direction des Chartreux, mais bien qu'elles avaient des prêtres particuliers pour le spirituel et des frères convers qui prenaient soin des revenus de la maison. D'après lui, ce serait bien plus tard, peut être même à dater seulement du règne du dauphin Jean II, que la communauté dont nous parlons aurait été gouvernée par des religieux Chartreux. (1) Une telle assertion n'est point fondée, car les mots *trois prêtres* doivent être compris pour trois moines qui seraient prêtres. L'acte d'ailleurs de donation, précité de 1269, ignoré sans doute de Valbonnais, lève toute incertitude à cet égard, puisqu'on y lit les mots textuels : religieuse maison ou monastère des religieuses de Prémol, de l'ordre des Chartreux (2).

Le dauphin Guigues VII, ayant survécu à son testament de 1267, en modifia, par un codicille postérieur, la clause d'une fondation de trois prêtres. A leur place, il forma, à Prémol, un établissement de six prêtres et deux chantres pour le service du monastère, affectant à cette nouvelle dotation un domaine appelé la Rivoire, situé à Moras, et d'autres biensfonds dans les environs de Vizille. Il légua en même temps à ce monastère une rente annuelle de 100 sous, au capital de 100 livres, pour un service et des prières ; il mourut en 1270. De conformité à ses dispositions de dernières volontés, il fut inhumé au couvent de Prémol ; son tombeau était dans l'église, près du grand autel.

La dauphine Anne, fille et héritière de Guigues VII, ratifia, en 1289, tous les dons et actes de son père,

---

(1) Valbonnais, tome II, page 6.
(2) *Religiose domui sive monasterio monialium de Prato molli, ordinis Cartusiensis.*

en faveur des religieuses de Prémol, et assura sur les revenus du péage du pont de Grenoble la rente de 100 sous qu'il leur avait léguée en vertu de son codicille. Plus tard, du consentement d'Humbert de la Tour, son mari (Humbert Ier), et conjointement avec son fils aîné Jean, depuis le dauphin Jean II, elle confirma, par un acte du 2 des ides de février 1295, les donations faites par Béatrix aux mêmes religieuses, à raison de laquelle confirmation elle déclara avoir reçu de leurs maisons la somme de 40 livres. Deux ans après, par un autre acte daté de Beauvoir en Royans, du mardi veille de la Nativité de Notre-Seigneur, de l'année 1297, elle prit sous sa protection les personnes et les biens du monastère.

En 1304, le dauphin Humbert II, sur les plaintes des chartreuses de Prémol, fit informer, par le châtelain de Vizille, contre plusieurs habitants qui troublaient ces religieuses dans la possession des montagnes, dont elles jouissaient en vertu de la donation à elles faite par la dauphine Béatrix. Une enquête eut lieu, et à la suite fut rendue, par le juge mage du Graisivaudan, une sentence réintégrant les religieuses dans leurs droits.

A l'exemple de ses prédécesseurs, le dauphin Jean II, le jour de lundi après la fête de la Nativité de Notre-Seigneur 1312, gratifia la maison de Prémol d'une nouvelle faveur, en lui albergeant, avec la faculté de la pêche, les eaux du lac dans la plaine de Saint-Laurent, aujourd'hui le Bourg-d'Oisans, et tous les droits qui en dépendaient, sous certaines redevances, énoncées dans l'acte qui en fut passé (1) et

---

(1) Ces redevances furent : un quintal de fromage, bon et

où intervint, au nom de la communauté, religieux frère Guillaume de Crémieu, son vicaire ; il légua par son testament à cette communauté, en 1318, une rente annuelle de 10 livres, pour célébrer des messes à perpétuité (1).

Henri Dauphin, élu de Metz, ensuite seigneur des baronnies de Meuillon et de Montauban, frère du dauphin Jean II, légua, lui aussi, par son testament du 17 mars 1328, à la maison de Prémol, une somme de 100 sous gros tournois, pour prières et augmentation de moines (2).

Guigues VIII, fils de Jean II, légua cinq ans après aux mêmes religieuses, en 1333, par son testament, une somme capitale de cent livres, pour des œuvres pies (3).

Le dauphin Humbert II, frère et successeur de Guigues VIII, confirma en 1335 l'emploi d'une rente de 100 sous fait par la dauphine Anne, son aïeule, sur le péage de Grenoble, pour le service de Guigues VII ; ajoutant lui-même à cette rente une pareille rente de 100 sous, au capital de 100 livres, en considération des bons rapports qu'il avait avec les religieuses, les moines, les chapelains et les serviteurs de Prémol, lesquels, tous, priaient pour lui et pour sa prospérité ; d'autant plus, d'ailleurs, que ce monastère avait été

---

recevable, chaque année, et une cense annuelle et perpétuelle de 25 sous, bonne monnaie antique ; étant réservés, en faveur du dauphin, le port du lac et ses revenus.

(1) *Item, ecclesie de Pramol decem lib. reddituales pro missis ibidem perpetuo celebrandis.*

(2) *Item, eodem modo, legavit monasterio Prati-Mollis, pro monachis ibidem accrescendis et divinis perpetuo.*

(3) *Item Prato-Molli centum.*

fondé par ses prédécesseurs. Il confirma également, par des lettres du 3 juillet 1340, tous les actes, titres et priviléges en faveur de cette communauté, et avant de partir pour son voyage d'outre-mer, en 1345, il fit don aux mêmes religieuses d'une pension de 15 florins sur les revenus de sa terre de l'Oisans.

Un siècle après, le dauphin Louis, depuis le roi Louis XI, pendant son séjour en Dauphiné, se montra favorable à la même communauté, à laquelle il donna, en 1447, une pension de 60 livres, à prendre pareillement sur la châtellenie de l'Oisans, et de six sétiers de fèves et autant de pois, à prélever sur celle de Vizille (1).

Divers particuliers et des voisins du monastère furent également ses bienfaiteurs. Nous avons mentionné plus haut Odon Alleman et Guigues Alleman, seigneur d'Uriage ; d'autres membres de cette famille suivirent leur exemple; Jacques Alleman d'Uriage, par son testament, du vendredi avant la fête de Sainte-Madeleine 1328, légua aux chartreuses de Prémol 30 sous de rente pour une *pitence* annuelle à leur servir le jour de son décès ; laquelle rente il hypothéqua sur sa condamine de Pinet. Peu d'années après, Jean Alleman, seigneur de Séchilienne, le 8 juillet 1340, leur abandonna le pré des Mouilles et le bois y joint, jusqu'au rocher de Pissevieille et le ruisseau Rambert, ainsi que la partie supérieure du pré dit des Lessives ; sans doute ainsi nommé parce qu'il servait à l'étendage du linge du monastère.

Aux dons précités, nous ajouterons ceux qui suivent :

---

(1) Archives de l'Isère : registre B, n° 2952.

Brune d'Orenge, fille de Vuillaume et femme de Matacène, du consentement de son père et de celui de son mari, donna, sous la date du 8 des ides d'avril 1240, aux religieuses de Prémol, tout ce qu'elle possédait à Vaulnavays, au lieu des Alberges, en terres, vignes, prés, arbres, bois, censes, services, chasaux, chalais et droits qu'elle tenait de Colombe, sa mère. En même temps, pour que la donation eût plus de force, étant présentée sous la forme d'une vente, on y inséra, avec les stipulations coercitives d'usage, la clause que la prieure Lagière avait compté à Brune la somme de 4 livres dont elle se contentait et se déclarait satisfaite. Cet acte fut passé à Prémol, dans la maison, à côté de la cuisine, en présence de frère Guigues, chapelain de la communauté; frère Ponce; frère Giraud; frère Vuillaume; frère Pierre, convers; Siméon Artaud, de Vizille; Pierre de Montessuit, et Pierre Faure, de Chantelouve.

Le 14 du mois de juillet de l'année suivante (1241), Vincent, ancien chambrier du dauphin d'heureuse mémoire Guigues-André, approuva, ratifia et confirma la cession faite, antérieurement, aux mêmes religieuses, par la femme Estève et son mari Jean de Gramont, de leurs biens, situés aussi aux Alberges, au lieu dit mas de Courtizon; sur lesquels biens ledit Vincent prétendait avoir des droits, desquels, en tant que de besoin, il se dévestit et en investit la maison de Prémol, agissant pour elle frère Ponce, convers, qui lui paya, pour son désistement, la somme de 4 livres. A sa mort, ses enfants, entre autres Guillaume, son fils émancipé, et Guillaume d'Avallon, tuteur-procureur de ses autres enfants, mineurs, crurent devoir à leur tour inquiéter les religieuses au sujet de la même donation ; à la fin, par un acte du 15 des ides d'août 1253, ce tuteur et Guillaume renoncèrent à leurs prétentions, moyennant la somme de 20 sous viennois qu'ils reçurent du monastère.

Martin Belmont, le samedi de la semaine de la fête de saint Jean-Baptiste 1293, fit don de tous ses biens aux religieuses de Prémol.

Marguerite Peyllard, fille émancipée de Giraud Peyllard, un des principaux habitants de Grenoble (1), joignit, le 11 juillet 1327, à ces dons celui de 25 fosserées de vignes, en deux pièces, dans le mandement de Montfleury, sur la paroisse de Saint-Fréjus, aujourd'hui La Tronche, au-dessus du cellier que déjà possédaient ces religieuses et qui devint un de leurs domaines. Cette donation fut confirmée par des lettres de Guigues Dauphin, fils du dauphin Humbert Ier, seigneur de la terre ou mandement de Montfleury et, en cette qualité, seigneur direct des fonds concédés ; lesdites lettres datées du 8 décembre 1328.

En 1409, Jean Ruynat, de Vaulnaveys, céda aux mêmes chartreuses une scie à eau avec son plaçage, au lieu de la Gorge sur cette paroisse.

Lyonette Guiffrey, le 23 juin 1549, leur donna une somme de 210 écus ou 630 livres pour acquérir des pensions.

Le couvent de Prémol comptait à peine dix-huit ans d'existence lorsque l'évêque de Grenoble Falques, voulant fonder, en 1252, une maison de chartreuses à Parménie, près de Beaucroissant, y appela, afin de la former, des religieuses de notre monastère, dès ce

---

(1) Giraud Peyllard ou Peillard a été consul de Grenoble en 1313, 1323, 1324 et 1325.

moment assez nombreuses pour constituer deux communautés. Un demi-siècle après, en 1300, ces dernières chartreuses de Parménie pouvaient se trouver en état de fonder de leur côté une maison particulière à Eymeu, près de Romans ; elles étaient alors au nombre de dix-huit ; voici leurs noms : Alasie, prieure ; Pétronille de Valence ; Elisabeth de Vienne ; Ambroisie de Nerpol ; Béatrix d'Ornacieux ; Laurence ; Guicharde ; Guillelmette de Lyon ; Aigline de Rives ; Flore de Sassenage ; Marguerite de Chambéry ; Ambroisie de Chandieu ; Françoise de Romans ; Alisie de Paladru ; Béatrix de Commiers ; Marguerite de Royn ; Béatrix de Tullins, et Agnès de Chamaloc. Quelques-unes d'elles étaient d'anciennes religieuses venues de Prémol. Béatrix d'Ornacieux fut, comme prieure, chargée de la direction de la maison d'Eymeu ; on lui donna entre autres, pour compagnes, deux jeunes professes de Parménie : Louise Alleman et Marguerite de Sassenage.

On lit dans la charte de fondation de la chartreuse de Parménie, de 1252, que la maison mère de Prémol fut tenue de fournir pour la subsistance des religieuses de la nouvelle communauté : cinq cents brebis, cent cinquante moutons, vingt béliers, dix juments, dix vaches avec leurs veaux, cinq genisses, deux taureaux et une charrue complète, attelée de bœufs. L'évêque Falques s'obligea de leur céder également deux charrues attelées de bœufs ; une quantité suffisante de blé pour semer en automne, la première année ; le vin des vignes de la récolte et sept essaims d'abeilles pour les besoins de la sacristie. Ce prélat fit abandon à la communauté des bâtiments de l'ancien prieuré de Parménie, de ses terres, fonds et dépendances, et comme un des soins des chartreux, au temps où l'imprimerie n'était point connue, consistait à s'occuper de la transcription des livres, obligation imposée aussi aux religieuses de leur ordre, le même évêque donna aux chartreuses de la nouvelle maison ceux des livres de sa bibliothèque de Parménie qui leur seraient nécessaires, à l'exception de sa Bible. Il voulut se réserver toutefois de la prêter aux religieuses, ou toute autre Bible à sa place, pendant cinq ans, en leur fournissant en outre le parchemin pour la copier.

L'établissement des chartreuses de Parménie, formé par des chartreuses sorties de Prémol, a été autorisé par une bulle du pape Clément IV, datée de Viterbe, du 18 janvier 1267.

Le couvent de Prémol a été presque entièrement brûlé en 1467. Le souvenir de cet incendie s'est long-temps conservé dans le pays ; on montrait, au-dessus des bâtiments du monastère, une prairie où, disait-on, aux premiers moments du sinistre, s'étaient réfugiées les religieuses, pour échapper au danger, et qui, depuis lors, a porté le nom de *Pré aux Dames*.

Ce même couvent eut à souffrir, pendant les guerres de religion du XVIe siècle ; il fut dévasté en 1563, époque où les religieuses se retirèrent dans leurs familles ; à la fin des troubles, elles rentrèrent dans leur communauté.

En 1680, deux commissaires, députés pour la visite de Prémol, les Pères J.-B. Berger, prieur de Ville-neuve, et Antoine Coster, prieur de Marseille, firent leur rapport et laissèrent au Père procureur des religieuses un mémoire contenant diverses recommandations, telles que : de classer les titres et papiers de la maison et d'en dresser l'inventaire; de clore le jardin de la sous-célérière; d'approprier, dans le clos, l'allée gâtée par les charettes; de réparer la chapelle de la grange de la Tour, les fenêtres de la lavanderie et celle de la prison; de placer une contre-porte à l'église, du côté des religieuses; d'avoir une piscine pour le réfectoire, ainsi qu'un grand garde-robe pour les deux célérières et un autre pour les linges et les confitures; de veiller à ce que les salures ne manquent point et que les provisions soient données au commencement de l'Avent et du Carême; de commander les fruits pour les collations des frères et des sœurs, aux jeûnes de l'Eglise; de mettre à la montagne un Suisse chargé de la vacherie (1); de faire en sorte que, pour les travaux de la campagne, les frères se servent de femmes le moins possible et que, dans tous les cas, on ne les laisse pas seuls avec elles dans les granges. Le mémoire nous apprend qu'il y avait douze frères attachés à la communauté et dont l'un était un convers, qu'au surplus ils se conduisaient tous d'une manière exemplaire et méritaient des éloges. Les deux visiteurs, néanmoins, ne laissèrent pas de leur infliger une pénitence, qui fut de réciter un rosaire de la Sainte Vierge et de recevoir une discipline de la main du président à la fête du premier chapitre qui aurait lieu.

Les religieuses avaient d'urgents travaux à faire exécuter; pour subvenir à leur dépense, le prieur général, dom Innocent Le Masson, par une ordonnance du 30 juin 1683, autorisa la maison de Pré-

---

(1) Cette prescription de prendre un Suisse a dû être strictement suivie; François Cortays, qualifié Suisse de nation et domestique de la maison de Prémol, avait la vacherie en 1721.

mol, sur sa demande, à retirer des capitaux pour une somme de 1,500 livres, ou bien à emprunter une pareille somme, avec intérêts au denier courant. Ce dernier mode fut suivi à cause de la grande difficulté d'être payé des débiteurs. Une autre ordonnance de ce prieur général, du 16 juin de l'année suivante, permit aux religieuses de faire construire ou d'acheter, à leur choix et suivant leurs convenances, un étang qu'elles poissonneraient à l'usage de la maison.

Nous avons sous les yeux un mandement du pape Alexandre VIII, daté de Rome, de Sainte-Marie-Majeure, du 4 avril 1690, délivré sous l'anneau du pêcheur, qui invite le même prieur général Innocent Le Masson, qualifié de cher fils, à faire lui-même, en personne, la visite des Moniales de Prémol, dans le diocèse de Grenoble ; des Salettes, dans le diocèse de Lyon, et de Miolans, dans celui de Genève (1) : dom Le Masson ne tarda pas à s'acquitter de ce devoir, ainsi que le constatent divers procès-verbaux de visites.

Le 10 août 1698 et les jours suivants, les Pères Alexis de Langeron, prieur de Silve-Bénite, et Jean-Baptiste Dupont, prieur du Val de Sainte-Marie, commissaires ordinaires, procédèrent à la visite de Prémol. Dans le préambule de leur procès-verbal, ces

---

(1) Ces trois maisons et deux autres, l'une dans le diocèse d'Arras et l'autre dans le diocèse de Bruges, aux Pays-Bas, étaient les seuls monastères de chartreuses qui existassent alors; ceux de Parménie et d'Eymeu, dont nous avons parlé, ne subsistaient plus depuis longtemps. D'un autre côté, les statuts des chartreux, de l'an 1368, ayant défendu de recevoir, à l'avenir, ou d'incorporer à l'ordre des couvents de filles, il n'en fut plus établi depuis cette époque.

deux visiteurs firent un exposé grandiose des lieux imposants où, loin du tumulte, au milieu des bois et de la solitude, s'étaient retirées des vierges, vouées à la contemplation, uniquement animées de l'esprit de Dieu. Prémol comptait à cette époque trente-cinq religieuses de chœur, dix sœurs soit converses, soit données ; deux frères convers, quatre frères donnés et un frère postulant. Ses revenus étaient évalués à 10,000 livres. Quant aux religieux de la maison, ils consistaient dans un vicaire, un procureur et un coadjuteur.

Un second incendie, autrement plus terrible que celui de 1467, consuma Prémol en 1707. Cette fois, les désastres furent tels que les religieuses, forcées d'abandonner le couvent, se retirèrent à Saint-Hugon, dans un bâtiment particulier que leur cédèrent les chartreux, et où elles restèrent jusqu'au mois de septembre 1715, en attendant que les constructions et réparations de leur propre couvent fussent achevées. Ces travaux leur coûtèrent une somme considérable, au point que, dès l'année 1716, sous la date du 28 août, le visiteur de la province des chartreuses, son convisiteur et le vicaire-supérieur de Prémol (1), adressèrent au prieur général de leur ordre une supplique, dans le but d'obtenir de la cour de Rome qu'attendu les lourdes charges qui pesaient sur cette maison, elle ne reçût, durant douze ou quinze ans, des prétendantes qu'autant qu'elles apporteraient en forme de dot une somme de 3,500 livres. La requête

---

(1) Raphaël Ramel, prieur de Saint-Hugon, visiteur de la province de Chartreuse ; Jean-Ange Colomby, prieur de Lyon, et Hugues Grosjean, supérieur de Prémol.

rappelle que le personnel de la maison, quoique réduit à vingt-sept religieuses de chœur, à quatorze sœurs converses, à trois religieux, y compris le supérieur pour la direction du spirituel et l'administration du temporel, avec six frères donnés ou convers, nécessitait une dépense annuelle de 12,965 livres, tandis que la recette était bien plus faible de beaucoup. On ajoute que la communauté ne se soutenait que par la libéralité du Révérend Père général et la charité des autres maisons de la province.

Les religieuses chartreuses suivaient la même règle que les chartreux ; comme eux, elles se levaient la nuit pour les matines, récitaient les mêmes offices, étaient soumises aux mêmes jeûnes et à une rigoureuse abstinence de viandes, même en cas de maladie extrême. A la seule exception des chartreux, tenus de manger isolément dans leurs cellules, si ce n'est les dimanches et les jours de fêtes, ni de converser ensemble qu'à certains jours marqués, elles prenaient leurs repas ensemble et pouvaient faire une promenade extérieure. Cette promenade, permise par les anciens statuts de l'ordre et correspondant au *spatièment* des chartreux, a été changée en récréation en commun à dater du milieu du XVIe siècle. On voit que nos moniales menaient une vie assez austère, n'usant d'ailleurs que d'aliments maigres, d'œufs, de laitage, de fruits, etc. Les comptes des recettes et des dépenses de la maison de Prémol nous fournissent à ce sujet différents détails.

Les principaux achats de la communauté, en fait de consommation ordinaire, année commune et sans compter le blé et le vin récoltés dans la propriété ou fournis par les fermiers, et presque toujours insuffisants, consistaient, savoir :

En poissons frais : carpes d'étang et autres de l'Isère, perches, tanches, brochets, barbeaux, truites, poissons blancs du lac de Laffrey, vairons, grenouilles, écrevisses, etc., pour une somme environ de.............................. 500 livres.

En poissons salés : merluches, thon mariné, saumon salé, anchois, sardines, soles marinées, morues, harengs, anguilles salées, etc., pour... 250 livres.

En provisions de Carême : prunes de Brignoles, figues, dattes, capres, amandes, olives, châtaignes, riz du Levant, etc., pour............. 100 livres.

En épiceries : sucre et cassonade (1), cannelle (2), clous de girofle (3), pignons, oranges, poivre (4), moutarde (5), noix muscades, gomme, anis, huile d'olive (6), huile de noix, savon, raisins de Corinthe, raisins Panses de Damas, miel, café, etc. 330 livres.

Les grains et le vin, achetés annuellement, figurent dans les comptes, année moyenne, savoir :

Blé-froment, 100 setiers, à 7 livres 5 sous le setier .... 725 livres.

Seigle, 100 setiers, dont une portion pour aumônes .... 500 livres.

Blé mécle, 50 setiers pour les pauvres. 150 livres.

Vin, 41 charges à divers prix...... 622 livres.

Autres provisions, achetées, outre celles étant le

(1) Prix de la cassonade en 1692, 27 livres 10 sous le quintal.

(2) Prix de la canelle choisie en 1694, 5 livres 10 sous la livre.

(3) Clous de girofle, 5 livres 10 sous la livre.

(4) Poivre, 23 sous la livre en 1694.

(5) Moutarde, 4 sous la livre.

(6) Huile d'olive, 5 et 6 sous la livre en 1692.

produit de la propriété ou fournies par les fermiers, savoir :

Œufs, la plupart à 9 deniers pièce, pris à Grenoble........................... 660 livres.

Beurre, 14 quintaux à 19 et à 20 livres le quintal.............................. 270 livres.

Poires et pommes à 6 deniers la livre; autres fruits, légumes, artichauts, asperges, etc..... 120 livres.

Le lait et les fromages de la vacherie suffisaient, au-delà ; car en fait de fromages on en vendait en moyenne, année commune, de 12 à 15 quintaux (1) ; tandis que le beurre était toujours insuffisant, quoique souvent on préférât en vendre pour en acheter d'autre.

Chandelles, 260 liv. à 6 sous la livre (2). 78 liv.

Pour l'église : cierges de pure cire à 19 sous la livre ; cire jaune à 12 sous ; encens, verres de lampes, etc........................... 90 livres.

Aumônes en argent (3)............ 65 livres.

Médecins (4), apothicaires, drogues et viandes pour les malades de la famille (5).......... 160 livres.

---

(1) Prix moyen du quintal : 13 livres.

(2) Ces chandelles venaient de La Mure.

(3) En 1700, il y eut une taxe imposée, à raison de laquelle Prémol paya pour les pauvres des diverses paroisses où cette maison avait des biens 170 livres.

(4) Un article de ce paragraphe, de l'année 1694, contient cette annotation : Pour un voyage de médecin, 15 livres ; deux voyages d'une rhabilleuse, 1 livre 10 sous. — 1 livre 15 sous sont portés en compte en 1693, pour une rhabilleuse de Séchilienne.

(5) Par cette expression, malades de la famille, il s'agit des domestiques de la maison à qui il était permis de manger de la viande en cas de maladie.

Voyages, ports de lettres, voitures de marchandises .... 150 livres.

Entretien et achats d'ustensiles pour la cuisine .... 200 livres.

Ouvrages de cordonnerie : cuirs, peaux, basanes, pour souliers et pantoufles confectionnés dans la maison .... 200 livres.

Ouvrages de chanvre : bluage, battage et peignage du chanvre ; filure d'étoupe, filets, façon de toiles ou triéges, etc...................... 180 livres.

Vestiaire et couturerie : achat d'étoffes et autres objets pour vêtements à confectionner dans la maison ; cadis de Nîmes, sergette blanche et minime, droguet, serge de Sommière, ratines et soie ; cordillats, étamines ; bas de serge pour les pauvres, etc.............................. 360 livres.

Mercerie : épingles d'Angleterre, lacets, papiers, cire d'Espagne, plumes, ciseaux, canifs, couteaux, almanacns, livres de piété, images, etc. 100 livres.

Gages des valets.................. 540 livres,

Paiement d'ouvriers servant dans la maison, pour.............................. 650 livres.

Décimes, taxes, capitation et frais de justice............................ 540 livres.

Frais de culture.................. 2700 livres.

Achat de bétail.................. 500 livres.

Entretien et réparations des bâtiments. 300 livres.

Total des dépenses, année moyenne, calculées sur les dernières années du XVII° siècle. 11,040 livres.

Afin de couvrir ces différences en moins repro-
duites sur plusieurs exercices, et que naturellement
venaient augmenter encore certaines dépenses regar-
dées comme trop nécessaires pour être ajournées, les
moniales de Prémol s'adressaient à la bienveillante
générosité *de Sa Révérence* le Père Prieur Général,
aux diverses maisons de l'ordre dans la province et
à celles de leurs sœurs en état de subvenir à des besoins pressants de la communauté. Ces religieuses
virent chaque fois le plus sympathique accueil accordé
à leur demande; dans le seul espace de temps de 1690
à 1699, le Père Prieur Général Innocent Le Masson (1)
leur fit parvenir des sommes d'argent s'élevant à
plus de 30,000 livres, sans compter la valeur de provisions qu'il prenait plaisir à leur adresser, ni le don
d'un domaine dit de Ste-Roseline, situé à Vaulnaveys,
ni également le don habituel de 10 à 12 louis, d'or
qu'il faisait chaque année, lors de sa visite du monastère, à la Mère Prieure, pour servir aux menues né-
cessités de ses filles.

La maison de Durbon, entr'autres, envoya aux religieuses de Prémol, en 1690, la somme de 500 livres,
sous forme de gratification, *pour aider à la subsistance* de la communauté; d'autres maisons leur four-

---

(1) Don Innocent Le Masson, un des plus distingués prieurs
généraux de la Chartreuse, qu'il gouverna de 1675 à 1703,
année de sa mort. Il fit rebâtir, d'une manière aussi commode
que solide, le monastère de la Grande-Chartreuse, qui avait été
presque entièrement, réduit en cendres à la suite d'un incendie
arrivé dès les premiers mois de son généralat. Il s'acquit un
nom par ses vertus, par les soins qu'il donna à la conduite de
son ordre, et divers ouvrages dont le principal fut la nouvelle
collection des Statuts des chartreux, divisée en cinq parties.

nirent conjointement, dans le même but, 3,550 livres.

La sœur Innocente Coquelin, la même année, versa au couvent la somme de 3,000 livres ; la sœur Angélique Clément, célérière, en 1691, et la sœur Françoise Ferrus, en 1692, versèrent également : la première 3,000 livres et la seconde 2,500 livres.

Un frère donné Pierre Bard, du lieu de Vaulnaveys (1), en 1694, leur laissa en mourant 295 livres. L'année suivante, Madame Dupré de Mayen leur donna 130 livres et une personne qualifiée d'*amie de la maison* 50 livres.

En aidant les religieuses dans leurs entreprises de travaux et d'améliorations nécessaires, le Père Prieur Général voulut être lui-même le promoteur et le direcrecteur de ceux de ces travaux dont il payait la dépense. Ainsi, il fit couvrir en ardoises (2), dans la crainte d'incendie, les batiments du domaine des Alberges, qui l'étaient en essandoles ou planchettes en bois ; refaire le grand couvert de l'église et le clocher (3) ; construire une infirmerie pour les religieuses ; réparer la maison intérieure de Prémol ainsi que les bâtiments de Moras, en même temps qu'il paya 1,800 livres pour les lods et frais du domaine des Girouds acheté par les religieuses en 1695.

Un fait que nous devons signaler et constatant com-

---

(1) Il portait l'habit religieux, de frère donné, depuis 1664.

(2) Ces ardoises furent tirées les unes d'Allemond, les autres de Vizille.

(3) On employa soit au couvert de l'église et du clocher, soit aux bâtiments des Alberges, 410 grosses d'ardoises, de médiocre grandeur, au prix de quatre livres six sous la grosse, sans comprendre le transport. La grosse contenait douze douzaines.

bien, malgré la plus sévère discipline, le désordre et la rapine existèrent parmi les troupes envoyées à cette époque à la frontière, pour la défense du pays, c'est que les soldats ne se faisaient pas faute d'enlever des bestiaux, soit sous forme de réquisition soit autrement. On lit ces deux articles de dépenses dans le compte des religieuses de Prémol, de l'année 1692: *Divers frais pour réavoir une mule que les les soldats avaient menée près de Briançon et dépense d'un valet ; Item, dépense qu'il a fallu faire, pour aller quérir les bœufs à La Mure et les réavoir des mains des Irlandois.*

En 1654, les chartreuses de Prémol furent inquiétées par les chevaliers de Saint-Lazare, au sujet de la maladrérie des Alberges qu'Odon Alleman avait donnée à ces religieuses depuis quatre siècles, et qu'ils prétendaient être en droit de réunir à leur ordre, en vertu d'édits récents. Il y eut procès à cet égard ; après quelques formalités, les chevaliers se désistèrent de leurs prétentions par un acte du 21 juin de la même année.

Les biens fonds de la Chartreuse de Prémol comprenaient, outre l'enclos du monastère, les montagnes, bois et prairies y attenant, un domaine à Vaulnaveys-le-Haut appelé les Alberges; le domaine de St-Bruno, au bas Vaulnaveys ; le domaine du Gua et l'étang des Faures, à Vaulnaveys-le-Haut ; le domaine de Sainte-Roseline ou des Girouds, au bas Vaulnaveys ; le domaine des Martinets, aussi à Vaulnaveys-le-Bas ; la scie de la Gorge, à Vaulnaveys-le-Haut ; le domaine de Moras, dans la Drôme ; le domaine et le cellier de Mantonne, à la Tronche, près de Grenoble ; le domaine de la Tour, près de la même ville, au territoire des Granges ; les montagnes de l'Infernet et de Vaudaine, sur la commune de Livet, et le domaine du Bourg-d'Oisans. La Communauté jouissait de plusieurs rentes et pensions pour une somme d'environ 2,000 livres.

Les biens faisant l'objet de la donation de la dauphine Béatrix, de 1234, en faveur des chartreuses de Prémol, comprenaient des immeubles déjà situés aux Alberges. Des fonds en cet endroit furent ensuite donnés à ces religieuses par Odon Alleman, Brune Matacène, Jean et Mathieu de Gramont et d'autres bienfaiteurs ; elles acquirent elles-mêmes, dès l'année 1241, par échange, ce que les chanoines et le chapitre de Saint-André de Grenoble possédaient, soit aux Alberges, soit à Vaulnaveys (1). A ces immeubles elles en ajoutèrent d'autres achetés de divers particuliers. On sait que ces terrains concédés dans l'origine à des communautés religieuses, ou qu'elles achetaient de prime abord, étaient pour la plupart incultes, ou tout au moins de peu de rapport ; ce qui explique assez le prix minime stipulé dans les actes d'achat de cette époque. Il fallait pour améliorer ces terrains un travail assidu et persévérant.

Les moniales de Prémol ont fait de tout temps, et jusques en 1708, cultiver elles-mêmes à grands frais, par leurs valets ou domestiques, leurs terres des Al-

---

(1) Acte du deux des ides de mars 1241. Il est rapporté dans cet acte que ces derniers immeubles avaient été donnés aux chanoines et au chapitre de Saint-André par le dauphin Guigues-André, qui les tenait, suivant un échange, d'Aymar Alleman et qu'antérieurement ils avaient appartenu aux Bompar. Les chartreuses de Prémol, de leur côté, cédèrent aux chanoines ce qu'elles avaient dans le mandement de Cornillon et à Corenc, ainsi que la chavanerie de l'Eygala.

berges. Cette année, à cause de leur éloignement, s'étant retirées à Saint-Hugon, après l'incendie arrivé à Prémol et à cause également d'un genre d'exploitation reconnu trop onéreux, elles affermèrent les Alberges à mi-fruit ou à méarie, à l'exception des vignes que l'on continua à cultiver comme auparavant. Huit ans après, en 1716 (1), on préféra à la ferme mi-fruit celle en nature, à redevances fixes, sous la réserve toujours des vignes exploitées par les domestiques du monastère ; ces redevances annuelles furent : 40 setiers blé froment ; 25 setiers seigle ; 6 setiers orge ; 6 setiers avoine ; 1 setier poids ronds ; 1 setier graines de chanvre ; 500 *cluis* ou bottes de paille ; 6 quintaux de chanvre teillé ; 500 œufs de poules ; 1 mouton ; 4 quintaux de beurre ; 8 quintaux de fromage ordinaire ; 3 quintaux de seras ou serrasson (autre espèce de fromage) et 126 livres argent. Les noix et les châtaignes du fonds devaient être partagées. Le fermier (2) était tenu de fournir en outre

---

(1) Pendant cette période de huit ans se firent sentir deux années de calamités, celles de 1709 surtout et de 1714 ; nous indiquons ici, pour termes de comparaison, le produit des noyers et des vignes du domaine des Alberges, durant cette période : 1709, noix, rien ; vin, deux charges ; 1710, noix, 40 bennes ; vin, 65 charges (on voit que cette année la récolte se ressentit encore de la gelée de l'année précédente) ; 1711, noix, 86 bennes ; vin, 90 charges ; 1712, noix, 44 bennes ; vin, 98 charges ; 1713, noix, 74 bennes ; vin, 70 charges ; 1714, noix, un plein sac seulement. Les vignes des Alberges avaient précédemment rendu : 60 charges de vin en 1690 ; 35 charges en 1696 ; 52 charges en 1697 et 90 charges en 1699.

(2) Ce premier fermier des Alberges fut Michel Colombe, laboureur du lieu de St-Georges, paroisse de Vaulnaveys ; il exploita la ferme pendant huit ans, de la Toussaint 1716 à pareil jour de 1724.

quatre voyages de char à quatre bœufs, des Alberges à Mantonne, pour porter et rapporter ce qui serait nécessaire. Toutes les réserves étaient consommées dans la maison. Ce mode d'affermage fut de nouveau changé en 1724; on reprit alors l'ancienne exploitation par domestiques.

Le domaine de St-Bruno fut acheté, par les religieuses, de François Galland, ancien procureur au parlement de Grenoble, suivant acte du 9 juin 1676, au prix de 17,000 livres ; il comprenait une maison de maître, une grange, d'autres bâtiments et environ 114 sétérées de fonds, le tout situé au bas Vaulnaveys et sur Vizille. Les chartreuses y ajoutèrent trois articles d'immeubles en terre et prés, achetés cette même année et l'année suivante, 1677, du même François Galland et de Pierre Revol, au prix de 950 livres. Ce domaine, qui reçut le nom de St-Bruno, en devenant une propriété des religieuses de Prémol et auquel on joignit la montagne d'Arcelle, fut toujours affermé à redevances fixes, portables à la maison des Alberges. Ces redevances, en 1740, étaient 50 setiers froment et 25 setiers seigle, mesure de Vizille ; 11 quintaux chanvre femelle, teillé ; 20 pots huile de noix ; 500 œufs de poules; 9 paires poulets ou pigeons; 2 coqs d'Inde; 2 setiers graines de chanvre, aussi mesure de Vizille; 5 quintaux de beurre; 4 quintaux de seras et 11 quintaux de fromage.

Les religieuses affermaient aussi, partie à redevances fixes et partie en argent, un autre petit domaine qu'elles avaient à Chassatier, sur Vaulnaveys-le-Bas. Ces redevances étaient, en 1717, 20 quintaux seigle, 4 quintaux pois ronds et 4 quintaux châtaignes, plus 90 livres argent.

On voit, par les actes, que la maison de Prémol avait, dans la première moitié du XVIIe siècle, au lieu du Gua, sur Vaulnaveys, des fonds auxquels elle ajouta quelques articles d'immeubles, acquis entre autres, en 1632, de Claude Faure-Verdecy et, en 1634, de Louis de Paviot. Le 4 octobre de cette dernière année fut dressé, par experts, un procès-verbal de visite, constatant l'état des terres et maisons situées au Gua, paroisse de Vaulnaveys, acquis par le monastère de Prémol, desdits Verdecy et Louis de Paviot. Le tout était affermé, en 1741, pour la somme annuelle de 135 livres et, en 1775, pour celle de 100 livres.

L'étang des Fauries fut acheté, avec ses chaussées et plaçages, en 1520, par les religieuses, de Nicolas Ruynat, du lieu de Vaulnaveys, au prix de 400 écus d'or.

Le domaine des Girouds, dit aussi de Ste-Roseline ou Ste-Roseline-lès-Girouds, parce qu'il était situé près de ce hameau, a été acheté au nom de la maison de Prémol, de Joseph de Vallin du Rousset, pour le prix de 23,200 livres, par acte du 24 mars 1695. Il consistait en bâtiments, terres, prés, vignes et bois, sur le territoire du bas Vaulnaveys. Le nom de Ste-Roseline lui fut donné par les chartreuses, à qui il paraît avoir été en particulière vénération ; car on trouve qu'il a été porté par quelques-unes d'elles. Ce domaine, en 1691, était affermé annuellement 1,500 livres.

Les religieuses de Prémol acquirent le domaine des Martinets, de Madeleine de Pressins, veuve et héritière de Jacques Galland, procureur au parlement de Grenoble, suivant acte du 8 avril 1711, pour le prix de 1,940 livres. Ce domaine consistait en grange, plaçage et verger, avec un pré-verger appelé les Béalières. En vertu de cet acte, les chartreuses étaient en droit de construire une scie et un martinet, ainsi qu'auraient pu le faire la venderesse et ses auteurs.

Bien avant 1409, les mêmes chartreuses avaient des fonds à la Gorge. Il existe, sous la date du 5 mai de cette année, un compromis entre ces religieuses et Jean Ruynat, au sujet de la construction d'une scie au bord du ruisseau. Cette scie, avec le bâtiment y joint, un four et une terre y attenant étaient affermés 72 livres en 1753, 170 livres en 1763, et 210 livres en 1782; de plus, le fermier devait scier à ses frais et sans diminutio. du prix annuel, cinq charges de planches pour les besoins du monastère.

Le domaine de Moras, situé dans l'ancien mandement de ce nom, aujourd'hui canton de Moras (Drôme) et qui s'étendait sur la paroisse de St-Saturnin, faisait partie de la fondation faite par le dauphin Guigues VII, en faveur des chartreuses de Prémol. Ces religieuses s'agrandirent par diverses acquisitions qu'elles firent, entre autres de Louis et Pierre Bonnifond frères, en 1592, et de la famille de Montchenu, en 1596. Le prix de ferme de ce domaine, fixé à 1,200 livres, en 1691, a successivement été porté, en 1714, à 1,500 livres; en 1740 à 1,900 livres et en 1776, à 3,000 livres; ce dernier prix comprenait la levée d'un terrier joint à la ferme.

Les acquisitions les plus anciennes que nous trouvons du domaine de Mantonne sur la paroisse de Saint-Ferjus, aujourd'hui La Tronche, faites par les chartreuses de Prémol, datent des années 1254 et 1255. Le 2 juillet de la première de ces deux années, ces religieuses achetèrent, au prix de 40 livres, de Guillaume Vieux, une pièce de Vigne, au mandement de Bouquéron. Le 6 mars de l'année sui-

vante (l'empire étant vacant, du temps du pape
Alexandre IV) (1), elles acquirent de Guy de la
Balme, de sa femme Béatrix et de leur fils, une autre
vigne en la paroisse de Saint-Ferjus, au terroir de
Mantonne, pour le prix de 100 livres viennois. Guillaume de Clérieux, fils de Chabert, et Jean Pillon, du
lieu de Saint-Ferjus (2), leur vendirent, le premier,
au même prix de 100 livres viennois, une autre vigne
à Mantonne, et, le second, une pièce de terre, également à Mantonne, pour la somme de 6 livres viennois ; il est dit dans l'acte que cette terre joignait la
vigne des chartreuses. On pourrait au besoin rappe-
ler d'autres actes ; ceux-ci suffisent. Le domaine de
Mantonne, situé dans une position bien exposée au
midi, abritée contre les vents du nord, était une obé-
dience où l'on envoyait celles des religieuses malades
pour se remettre. Il était aussi de coutume qu'elles
s'y rendissent au temps des vendanges. Il y avait à
Mantonne une chapelle, des cellules et un réfectoire.

Les religieuses possédaient à Meylan, au bord de
l'Isère, un pré appelé la Raviole, emporté en partie
par la rivière en 1732 et dont il resta seulement
deux sétérées et demie. Le prix de ferme de cette
année, en raison de la perte de terrain, fut seu-

---

(1) *Vacante imperio, tempore Alexandri pape quarti.* Il s'agit
de la vacance, après la mort de Conrad IV, fils et successeur
de l'empereur Frédéric II.

(2) Guigues Pillon, Berthon ou Barthélemi Pillon, son fils,
et Andrenon ou André Pillon, fils d'André, de la paroisse aussi
de Saint-Ferjus, le 10 février 1343, vendirent aux mêmes religieuses, pour le prix de 15 florins et un quintal de laine, une
vigne et un jardin, du contenu d'environ huit fosserées, situés
également à Saint-Ferjus, au lieu dit *Vyforchian.*

lement de 20 livres. Le même pré, en 1740, fut affermé 60 livres, sous la clause que ce prix, dans le
cas où l'Isère minerait ou emporterait quelque partie
du fonds, serait diminué à proportion, suivant esti-
mation d'experts Il y eut réduction de prix en 1741 et
les années suivantes. Il ne restait plus en 1747 qu'un
quart de sétérée ; en 1773, le pré était presque entièrement emporté.

La montagne de l'Infernet paraît avoir fait partie
de la donation de la dauphine Béatrix, de 1234, en
faveur des chartreuses de Prémol. Les habitants de
Livet y avaient aussi des droits qu'ils cédèrent aux
religieuses par traité du 21 mai 1681, pour le prix de
120 livres ; ce qui fut confirmé suivant un acte d'as-
semblée de la communauté de Livet du 4 novembre
1685. Cette montagne était affermée en 1734 moyennant deux quintaux et demi de beurre.

La montagne ou plutôt le rocher de Vaudaine, en
face de l'Infernet, appartenait aux mêmes chartreuses,
qui en avaient fait l'acquisition de Guigues et d'Odon
Durif (*de Rivo*), au prix de 17 sous viennois, par
acte daté du samedi de la fête de Saint-Martin, 1279.
Ces religieuses albergèrent, depuis, cette montagne à
Paul Berton ; mais à la suite de difficultés elles con-
sentirent à traiter avec lui et le 29 mars 1669, elles
passèrent un nouvel albergement de la Vaudaine, à
Michel Rey, habitant du lieu, pour la rente annuelle
de deux livres.

Dès avant que le dauphin Jean II albergeât en 1312,
aux chartreuses de Prémol, le lac de Saint-Laurent
et la pêche de ce lac, alors situé dans la plaine du
Bourg-d'Oisans, ces religieuses y possédaient déjà des
droits de pêche qu'elles tenaient de particuliers du

lieu. Ainsi, en 1280, par acte du 10 février, elles avaient acquis le quart du lac et la pêche y relative, dans la partie de ce lac au bout de la plaine du Bourg, à l'exception du droit du dauphin.

Le jour des nones de mars 1282, Pierre, Guigues et Jacques de Lisle, frères, leur avaient cédé, pour le prix de 10 livres 10 sous, la moitié par indivis de tous les biens et droits de leur père Jacques de Lisle, en la plaine de Saint-Laurent-du-Lac et à Vieille-Morte, depuis le lac jusqu'à la fontaine Puent. De même et par autre acte du jeudi après la fête de Saint-Marc, aussi de cette année, Audise de Vieille-Morte, de l'Oisans, fille de Jacques, femme d'Etienne de La Tour, du lieu de Saint-Étienne-de-Jarrie, avait également vendu, pour la somme de 70 sous viennois, auxdites religieuses, la quatrième partie, par indivis, de ses droits et possessions sur le même lac ou la partie de la plaine qu'il occupait, depuis la fontaine Puent jusqu'à la roche de Chatillon et depuis le chemin public tendant du bourg de Saint-Laurent-du-Lac vers le lieu nommé Alerio jusqu'au ténement de Prémol, des fossés entre deux.

Il est probable que ces droits et prétentions dont il s'agit étaient les réclamations qu'auraient pu faire valoir les héritiers ou ayants-droit des propriétaires du sol envahi par les eaux lors de la formation du lac en 1191. Il en résulta que les religieuses nanties de ces actes et de l'albergement passé en leur faveur par le dauphin Jean II en 1312, se prétendirent, à mesure que les eaux du lac baissaient, propriétaires des terrains et francs bords qu'il laissait à sec. Cependant les habitants du lieu s'habituèrent, de leur côté, dès que le lac baissait, à envoyer sur ces mêmes

terrains paître leurs bestiaux et à y couper du bois ;
d'où naquirent de fréquentes difficultés. Il paraît
même, d'après une information faite dans le temps,
que des habitants du Bourg-d'Oisans, animés d'un
esprit hostile, se seraient, lors des troubles de 1563,
portés au monastère qu'ils auraient pillé et saccagé ;
quoi qu'il en soit, à la suite de plusieurs contestations
et après le desséchement du lac, les religieuses, par
forme de transaction et suivant une sentence arbitrale du 19 décembre 1589, auraient associé au bû-
cherage et au paquerage des relaissés les consuls et
la communauté du Bourg, à la charge d'être tenus de
payer la moitié du quintal de fromage de cense
annuelle qu'elles devaient au roi-dauphin pour l'albergement de 1312. Plus tard, surgirent de la part
des deux parties d'autres prétentions qui donnèrent
lieu à de nouveaux procès.

Les mêmes religieuses avaient au Bourg-d'Oisans
un domaine appelé l'Ordre, composé d'une grange,
prés, terres et bois, affermé en 1740 pour le prix
annuel de 480 livres et 50 livres de truites, portables à la maison des Alberges, moitié à la St-Bruno
et moitié à la Toussaint.

Les montagnes, bois et pâturages aux alentours du
monastère étaient d'une étendue de plus de cinq cent
quatre-vingt-seize sétérées (397 hectares environ), et
comme dès avant que la dauphine Béatrix en eût fait
l'acquisition des religieux d'Oulx et même avant que
ces derniers en fussent les possesseurs, à un titre quel-
conque, les habitants, non-seulement de Vaulnaveys
mais encore ceux des paroisses voisines, de Brié,
des Angonnes et d'Herbeys, y avaient des droits d'u-
sage et de parcours, soit par droit primitif, soit en-

suite de concessions des anciens comtes du pays, des difficultés continuelles s'élevaient à ce sujet.

Ces contestations duraient depuis un demi-siècle entre ces habitants et les serviteurs de la maison de Prémol, lorsqu'il intervint de la part du Juge-mage du Graisivaudan, sous la date du samedi avant la Nativité 1289, une sentence qui régla, pour un moment, les prétentions réciproques des parties. Une autre sentence de ce juge et pour le même objet fut rendue en 1304 et suivie d'une transaction passée entre les habitants des communautés intéressées et la maison de Prémol, sous la date du 1er juillet 1307 ; un traité subséquent fut signé le 16 juillet 1341. Depuis lors, surgirent de nouvelles discussions, sur lesquelles intervint un arrêt du Parlement de Grenoble, daté du 31 mai 1532, concernant le nombre de bestiaux que les habitants des paroisses ou communautés de Vaulnaveys, de Brié, d'Herbeys et des Angonnes pouvaient mettre chaque année en pâturage dans les montagnes de Prémol. Ce même arrêt attribue en entier à ces habitants la montagne de Gaudet, comme leur ayant été albergée, avec plein droit d'y envoyer paître à volonté.

D'autres arrêts de ce Parlement des 6 juin 1669, 20 mars 1670, 12 mai 1671 et 23 décembre 1672, furent successivement rendus dans des procès qu'eurent à soutenir les chartreuses de Prémol contre les habitants des quatre communautés, soit au sujet particulier de la montagne de Leyssines, où ils prétendaient faire pâturer leur bétail et couper du bois à discrétion pour leurs bâtiments sans rien payer aux religieuses, soit à propos de la montagne des Gabouraux, quant aux redevances que ces habitants devaient aux chartreuses.

L'arrêt précité du 12 mai 1671 condamna ces habitants à payer les arrérages de pension dus pour la partie des Gabouraux qu'ils tenaient en albergement. D'un autre côté, l'arrêt du 23 décembre 1672 maintint les religieuses dans l'entière possession de la montagne de Leyssines, en toute l'étendue de ses confins.

A ces contestations s'en joignaient d'autres, pour empiètements de terrains, dont avaient à se défendre en même temps les chartreuses, de la part de voisins de leurs fonds, comme le constatent diverses procédures formées à la requête du monastère et de nombreux procès-verbaux dressés contre les délinquants, de 1550 à 1665. La forêt de Billières, l'une des propriétés des religieuses, fut surtout, le 24 octobre 1555, l'objet d'une transaction entre elles et des habitants de la paroisse de Vaulnaveys, qui reconnurent n'avoir sur cette forêt aucun droit. En exécution de ce traité, une sentence du vibailli du Graisivaudan, rendue quatre ans après, le 10 mai 1559, soumit à 100 sous d'amende trois particuliers du lieu, pour avoir indûment bûché dans le même bois de Billières.

Les chartreuses de Prémol avaient, dans les prairies au-dessus du monastère, pour l'élevage du bétail, une vacherie où elles tenaient un troupeau de vaches et quelques chevaux. Son produit, vers la fin du XVIIe siècle, pouvait être évalué, année moyenne, à 17 quintaux de beurre, 38 quintaux de fromage et 18 quintaux de céras, denrées consommées dans la maison. Quant à la vente du bétail, elle consistait à la même époque, année commune, d'après les comptes de 1692 à 1698, en 30 veaux de lait au prix de 5 à

6 livres chacun ; 9 vaches au prix moyen de 32 livres chaque ; 2 bœufs, 67 livres chaque et 1 cheval, poulaine ou jument, au prix de 150 livres. Cette vacherie de Prémol, malgré tous les soins apportés au bon entretien des étables, eut à souffrir, à diverses époques d'assez fréquentes mortalités. Il y périt 11 vaches en 1692 ; 5 gros bœufs, 8 vaches et 9 veaux en 1696 ; 2 vaches en 1729 ; 6 vaches en 1762 et 10 vaches en 1763.

Les cahiers et notes des comptes de recettes et de dépenses du monastère fournissent quelques détails sur les habitudes et l'intérieur de la maison. Nous ne parlons point de l'office de nuit, des jeûnes, des abstinences, des rigueurs de la vie monastique. Nous prenons les religieuses aux heures du travail habituel, même à celles de la récréation ordinaire. Les ouvrages d'aiguille auxquels s'adonnaient journellement les chartreuses étaient moins pour elles une peine qu'un délassement qui les rendait utiles à la communauté. Elles préparaient ainsi tout le linge (1), la plupart des

---

(1) Les comptes indiquent des toiles pour chemises, pour nappes, pour serviettes, etc. Façon de 60 aunes de toile pour des serviettes à 10 sous l'aune et 12 livres d'étrennes, 30 livres 12 sous ; façon de 72 aunes, toile pour nappes à 22 sous l'aune, 79 livres 48 sous (compte, année 1735). 26 aunes toile ritte à 6 sous l'aune, pour chemises de femme, 7 livres 3 sous 6 deniers (compte, année 1743). Façon de 56 aunes, toile ritte et 43 aunes toile de mouchoirs à 7 sous l'aune, 40 livres 6 sous 3 deniers (compte, année 1762). Façon de 58 aunes, serviettes de Venise, à 10 sous l'aune, 29 livres (compte, année 1729). 70 aunes, serviettes de lin, à 20 sous l'aune, 70 livres (compte, année 1730). Façon de 32 aunes, toile fine, à 18 sous l'aune, 28 livres 13 sous (compte, année 1724). Une aune toile mouseline, 3 livres 6 sous (compte, même année 1724). Toiles pour la sacristie, etc.

ornements de la sacristie et une partie des objets du vestiaire. A cet effet, chaque année, un crédit spécial était affecté à l'achat d'aiguilles, de milliers d'épingles (1), de lacets, de crochets, de boucles et autres objets de cette nature indispensables pour les travaux de couture et de broderie (2). Chaque année, aussi, figurent dans les comptes des religieuses des achats particuliers pour l'entretien de la sacristie, tels que : du satin violet, des chenilles cramoisies, des galons d'or faux et des galons d'or fin, du taffetas soie, du damas blanc, du basin à fleurs, de la soie blanche, du vélin vert pour des fleurs artificielles, du velours or et argent filé, des dentelles d'or, etc. ; tous articles employés à la confection des ornements de l'église, dont s'occupaient les religieuses (3). Indépendamment

---

(1) Les épingles figurent dans les comptes de chaque année pour plusieurs milliers. Item, pour mercerie, savoir : pour 20 milliers épingles d'Angleterre à 10, 12 et 14 sous le millier, pour 40 milliers d'autres épingles, y compris 36 douzaines de grands lacets à 5 sous la douzaine, 27 livres 19 sous (compte, année 1691). 18 milliers d'épingles d'Angleterre, 11 livres 3 sous (compte, année 1694) ; 34 milliers épingles, 29 livres 15 sous (compte, 1725). Toutes ces épingles et ces lacets servaient, comme on le sait, à faire les guipures et les dentelles des aubes. des rochets et des nappes d'autel.

(2) Payé pour les occupations des vénérables religieuses : soie, rubans, galons, peaux violettes et quelque peu de dorure, 126 livres (compte de dépenses, année 1728) ; pour soie, dorure et autres fournitures, 130 livres (compte, année 1729).

(3) Il nous paraît curieux de mentionner quelques articles de dépenses de ces ornements avec le détail des prix, de manière à servir de termes de comparaison avec le prix de ces mêmes ornements d'aujourd'hui.

3 aunes ras de Sicile pour ornements, à 9 livres 13 sous l'aune, 48 livres ; 9 aunes 1/2 franges et mollets d'argent,

des soins qu'elles donnaient à leur propre chapelle, reconnaissantes envers les maisons de leur ordre qui les aidaient dans le besoin, elles se plaisaient, de leur côté, à répondre à une gracieuse confraternité par le don fréquent d'ouvrages de leurs mains, destinés aux diverses chapelles de ces maisons bienfaisantes.

Les étoffes pour le vestiaire se réduisaient ordinairement aux qualités suivantes : du cadis, du cordillat, du droguet minime, de la sommière, de la polilaire, de l'étamine noire pour voile, de la serge de Caen, de la sergette, du moleton, de la finette, de la ratine, des flanelles, etc. (1). A ces étoffes on doit

---

80 livres 5 sous ; 13 aunes franges et mollets de soie à 3 livres l'aune, 39 livres ; 2 aunes dentelles d'argent, 6 livres 6 sous (compte, année 1730).

33 aunes galons d'argent à 6 livres 5 sous l'aune, 206 livres 3 sous. — 23 onces galons d'or à 3 livres 7 sous l'once, 196 livres. — 4 aunes ras de Sicile violet à 10 livres l'aune, 40 livres. — 51 aunes galons de soie pour chasubles et un devant d'autel, 26 livres 5 sous (compte, année 1731).

11 aunes velours noir pour un ornement à 18 livres 10 sous l'aune, 203 livres 10 sous. — 1 marc 1 once 8 deniers franges d'or surdoré à 58 livres le marc, 67 livres 13 sous. — 6 onces fil d'or surdoré à 55 livres le marc, 41 livres 5 sous. — 6 onces fil argent à 40 livres le marc, 30 livres (compte, année 1735).

Item pour le nouvel ornement satin violet ; dépensé en dentelles et galons d'argent 24 livres 19 sous ; taffetas de Florence, 3 aunes 3/4, 12 livres 15 sous ; plus, payé à la messagerie 2 livres 14 sous ; le tout monte à 40 livres 8 sous (compte, année 1740).

(1) Tous ces noms et ceux d'autres étoffes se lisent dans les comptes de dépenses du monastère, où sont indiquées, à côté du prix des marchandises, leurs qualités, telles que : couleurs et provenances : Cadis musc, cadis vert, cadis d'Aniane, cadis de Montauban ; serge de Sommières, serge d'Alais, serge de Caen, serge de Londres ; sergette musc, sergette verte, sergette

ajouter des peaux de moutons et d'agneaux pour pelisses, des baleines et toiles pour corsets ; des draps et doublures pour manteaux ; des toiles et laines pour matelas , des tapis, des couvertures, etc.

Après la couture, l'occupation essentielle des chartreuses était celle de filer. Il est constamment porté en dépense dans les comptes, pour les vénérables religieuses, des articles de tours à filer, de tours doubles, de bobines, d'ailerettes de tour, etc.

Au monastère était attachée une tailleuse pour la coupe des vêtements de femmes. Il y avait aussi un tailleur pour les vêtements des frères ; ceux-ci recevaient tous les deux ans un habillement complet en drap de Roybon ou de chartreuse et un chapeau du prix de 3 livres. A Prémol était en outre organisé un atelier de cordonnerie pour les chaussures de toute la communauté et dont la dépense en cuirs, basanes, maroquins, brigadis, peaux blanches, peaux de chèvres, etc., pouvait être évaluée, année moyenne, à une dépense d'environ 220 livres.

Dans le vestiaire et dans la cordonnerie étaient pris des vêtements et des souliers pour les pauvres du pays, à qui l'on distribuait également chaque année des grains et des légumes secs.

Disons qu'entre autres étoffes du vestiaire figurent, dans les comptes, des cilices et des pièces de cilices, tissus de laine et de crin, portés sur la chair, par es-

---

minime, sergette violette, sergette polilaire ; ratine blanche, ratine musc ; cordillat blanc, cordillat minime ; droguet minime ; finette musc, finette blanche ; flanelle d'Angleterre, flanelle de Genève ; étamine fine, étamine grosse, étamine noire ; finette minime, vopette, angélique noire, etc.

prit de pénitence (1). Les mêmes comptes font mention d'instruments de discipline (2). Déjà on a dû voir que les pères visiteurs, suivant un procès-verbal de visite de l'année 1680, cité dans cette notice, avaient infligé par mesure de mortification, aux frères de Prémol, une discipline à recevoir de la main du président à la première fête du chapitre. On a pu remarquer aussi qu'il a été précédemment parlé de la prison du monastère. Le compte de l'année 1743 porte en dépense une somme de 32 livres pour une grille à une fenêtre de la prison (3). Voilà quant au mauvais côté du couvent ; la prison était pour les frères insoumis.

Nous avons rapporté plus haut que les statuts des chartreux imposaient l'obligation de transcrire des manuscrits. Les religieuses de leur ordre étaient assujetties à la même prescription. A la vérité, ce travail de copiste, apprécié et recherché alors que l'imprimerie n'était point connue, dut, après l'invention de cet art, peu à peu diminuer et finir par cesser. Toutefois, comme les premiers livres imprimés furent d'abord d'un prix assez élevé, la coutume de copier d'anciens manuscrits se conserva quelque temps dans

---

(1) Pour une pièce de cilice, 18 livres 17 sous 9 deniers. (Compte de 1690.)

Pour l'achat de 9 cilices à 16 sous pièce, 7 livres 4 sous. (Compte de 1725.)

Il y avait des cilices en ceintures et d'autres en scapulaires.

(2) Pour deux instruments de pénitence, 18 sous. (Compte de 1735.) L'instrument de pénitence était un fouet à cordes nouées.

(3) Dépensé pour une grille à la prison. (Compte de 1743.)

les communautés religieuses pour ceux de leurs livres le plus en usage. Il paraît en avoir été ainsi chez nos chartreuses ; car, bien plus tard, et même au XVIIIe siècle, on trouve que ces moniales s'occupaient encore de travaux de transcription. — Nous citerons pour exemples ces deux notes extraites du cahier des comptes de l'année 1740 :

Pour relier un grand livre de chant, copié par la vénérable sœur de Plagne, bréviaire, diurnaux et autres livres, avec agrafes ; le tout monte à la somme de 7 livres 7 sous.

Trente mains de papier à cloche, papier chassis ; *grand papier pour noter plain-chant,* papier coupé.

Les chartreuses de Prémol s'occupaient également à faire, sur parchemin, des enluminures ou images coloriées, ornées d'or et d'argent, imitées des images des anciennes heures manuscrites illustrées et qui étaient données en souvenir ou pour étrennes. La même sœur de Plagne, qui vivait dans la première moitié du dernier siècle, passait pour exceller dans ce genre de peinture (1).

Si nos religieuses étaient tenues, chaque jour, à des heures de prières, à des heures de travail et à certaines mortifications, elles avaient aussi leurs délassements, leurs joies de famille et leurs heures de récréation. Elles mangeaient ensemble au réfectoire, ce qui déjà était un adoucissement apporté à la rigidité des statuts des chartreux obligés de manger séparé-

(1) Différentes fournitures pour les occupations des vénérables sœurs religieuses, en soie, taffetas, rubans et dorure, etc. (Compte de 1726.)

ment et ne pouvant se réunir au réfectoire qu'une fois la semaine ; chaque religieuse avait son parterre, quelques arbres fruitiers et des vases de fleurs.

Aux fêtes principales de l'année, ainsi qu'à celles de la communauté, les rations journalières de poisson étaient augmentées ; d'autres fois on y ajoutait du saucisson de thon et d'anguilles. Il était d'usage qu'on fît également les fêtes du vicaire, du coadjuteur et du procureur de la maison, de la mère prieure, de la mère sous-prieure, de la mère cellérière et du père prieur général. On distribuait, chacun de ces jours, quatre livres de sucre.

Aux prises d'habit des religieuses avait lieu un repas plus copieux (1) ; de même qu'aux époques de visite du monastère par les pères visiteurs de l'ordre, surtout lorsque le père prieur général procédait lui-même à la visite annuelle. Ce dernier ordonnait d'habitude une dépense de sucre plus considérable qu'à l'ordinaire ; c'était une bienvenue pour nos religieuses.

En 1743, quand il arriva dans la communauté, il voulut que cette dépense fût portée à plus d'un quintal. Le compte de cette année constate, en outre, à l'occasion sans doute du même prieur général, une dépense de 25 livres pour vins d'Espagne et de Chypre. A chacune de ces fêtes étaient servis des

---

(1) Plus, dépensé dans la prise d'habit des deux vénérables novices, en citrons, oranges, biscuits, y compris aussi le désastre des confitures de l'infirmerie et plusieurs autres fêtes ; le tout monte, comprises les sucreries, à la somme de 139 livres 2 sous 3 deniers. (Compte de 1736.) On trouve l'explication de ce désastre dans un autre compte, où est portée en dépense une somme d'argent, pour achat de vases à l'infirmerie, en remplacement de ceux qui avaient été cassés.

fruits confits et des sucreries, comme biscuits, masse-
pains, gâteaux, dragées et pâtisseries.

A la fin des lessives était toujours préparé un
goûté exceptionnel. Il se faisait à Prémol plusieurs
lessives par an : celles du linge de la sacristie et du
linge de la communauté, et, de plus, les lessives du
linge, soit de la sacristie, soit de la maison de la Chartreuse.

Du nombre des fêtes et l'une des principales était
celle du 1er janvier ; à ce jour, le premier de l'année,
les religieuses formaient des vœux pour la mère
prieure et leurs officières ; elles se visitaient et se
faisaient réciproquement de petits cadeaux qu'elles
appelaient étrennes mignonnes. Il est souvent question d   étrennes dans les comptes ; c'étaient des
alman chs, des étuis d'ivoire, des bouteilles de sirop,
des rub , une tabatière, un coffret, des images en-
luminées, un livre de dévotion, un portefeuille,
etc. (1).

Les moniales, ce jour, se pl   aient également à
faire aux sœurs leurs cadeaux habituels. Les comptes
de 1739 et de 1740 constatent, entre autres cadeaux
de ce genre, des bagues ayant touché le crâne de saint
François de Sales.

---

(1) Premièrement, pour les étrennes du premier jour de l'an :
almanachs, calendriers de la Cour ; étrennes mignonnes, pour
30 paquets rubans de Paris, à 32 sous le paquet, le port compris ; item, pour 30 cadres garnis d'estampes et verre fin ; item,
pour couteaux, images pour les sœurs données ; monte le
tout à 102 livres 12 sous. (Compte de 1738.)

Pour les étrennes du jour de l'an, en bouteilles de sirop de
capillaire, cassonade, pièces de rubans, étrennes mignonnes, etc.,
125 livres, 19 sous. (Compte de 1755.)

Des étrennes étaient pareillement données aux frères et aux domestiques de la maison ; elles consistaient en tabac, tabatières, briquets, couteaux, etc.(1). Une somme de 3 livres argent est même portée sur le compte de l'année 1737, comme étrenne aux domestiques le jour du carnaval.

Nous reproduisons ici un règlement daté de 1762, fait en tournée de visite du monastère de Prémol par les pères visiteurs :

« Selon l'ancien usage, le V. Père dom Procureur « aura la bonté de donner, au jour de l'an, un bâton « de tabac du poids ordinaire aux trois frères qui en « usent.

« Le frère Antoine étant dépourvu actuellement de « chemises, nous souhaitons qu'on lui en donne six « pour lui faire un fonds qu'il pourra entretenir au « moyen de celles qu'on donne aux frères tous les « ans.

« Aux fêtes du Très-V. dom vicaire et de la V. « mère prieure, on fera venir plus de poisson que « dans les autres temps et on donnera à chaque fête « un pain de sucre de 4 livres pesant à la V. sœur « cellérière.

« La quantité de pois et de lentilles qu'on donne « actuellement ne pouvant pas suffire, le V. Père « dom Procureur aura la bonté de la doubler.

« Pour qu'on sache à quoi s'en tenir pour l'usage « qu'on fera du poisson qui arrivera, on prendra des « mesures pour que les poissonniers avertissent le V. « Père dom Prieur ou dom coadjuteur à son absence,

---

(1) Pour les étrennes des domestiques et celles des frères, en tabac, tabatières, couteaux, etc. (Compte de 1743.)

« pour qu'ils le fassent remettre en leur présence à
« la V. sœur cellérière. »

Au jour des Rois surtout, appelé au couvent la
fête de la Reine parce qu'effectivement, ce jour, on
tirait au sort la fève qui devait attribuer la royauté
éphémère à l'une des religieuses, le souper était généralement mieux servi qu'aux autres fêtes de l'année. Au gâteau d'usage se joignaient les meilleures
confitures et sucreries de la maison. Nos documents
nous permettent de consigner ici quelques notes à cet
égard :

« Pour les fêtes de la Reine et de la V. Mère prieure,
« dépensé en sucre, biscuits, oublies, fromage de
« Sassenage et autres petits fromages, 15 livres
« 19 sous. » (Compte de 1736.)

« Pour la dépense des Rois, 21 livres. » (Compte
de 1740.)

« Goûter et repas des Rois, en sucreries, fromages
« de Sassenage, vacherins, oranges, pralines, bis-
« cuits, poissons ; monte à la somme de 40 livres. »
(Compte de 1742.)

Sans compter les fêtes, dont il a été parlé, nos religieuses fêtaient aussi saint Hugues ; le 3 mai, jour
de l'Invention de la Croix ; sainte Roseline ; sainte
Anne et sainte Apollonie. Il y avait au monastère
deux chapelles sous les vocables de ces deux dernières
saintes.

Une fête, à Prémol, qui dut y surpasser toutes les
réjouissances, a été celle de la promotion du Père
dom Michel de Larnage à la charge de prieur général de la chartreuse, en 1737. Ce digne religieux, d'un
rare mérite et dont la mémoire a été en vénération
longtemps après sa mort, avait, durant près de dix-

sept ans, de 1715 au 15 janvier 1732, administré la
communauté même de Prémol, soit comme coadjuteur, soit comme procureur ; fonctions qu'il remplit
avec un zèle au-dessus de tout éloge, jusqu'au moment où il passa, en qualité de prieur, de ce couvent
à la chartreuse de Saint-Hugon ; de sorte que nos religieuses ne crurent pas mieux pouvoir manifester la
joie qu'elles ressentaient de son élection à la première dignité de leur ordre, que par un feu d'artifice,
voulant y contribuer pour une bonne part de leurs
propres deniers. Un article du compte des dépenses
de l'année 1737 est libellé en ces termes :

« Fête de l'élection de notre Révérend Père Général
« dom Michel de Larnage, à qui le ciel donne une lon -
« gue vie, pour treize fusées, armoiries, poudre, etc.,
« 30 livres ; le surplus ayant été fourni par les vé-
« nérables religieuses. » (Compte de 1737.)

Une autre note, inscrite au bas du compte que rendit, la dernière année de sa gestion de Prémol, le
Père dom de Larnage, le 20 janvier 1732, jour où il
quitta cette maison pour aller prendre possession de
sa nouvelle résidence, est ainsi conçue :

« J'ai vu et examiné ces comptes que m'a rendu le
« très-vénérable Père dom Michel de Larnage, à
« présent prieur de la chartreuse de Saint-Hugon,
« qui a administré le temporel de Prémol, en qualité
« de procureur, sous les yeux de ses supérieurs, pen-
« dant l'espace de plus de seize années, avec bien
« d'économie et avec tout le succès heureux que l'on
« en pouvoit espérer. Je ne trouve rien dans ces pré-
« sents comptes que de juste et très-louable ; en foi
« de quoi nous nous sommes signés, ce 20 jan-
« vier 1732. »

Frère Bonnaventure Chauvin, vicaire et supérieur de Prémol.

Suivent les autres signatures :

F. Bruno Ricord, coadjuteur ;

Sr Claudine Clément, prieure ;

Sr Marie-Emmérentianne Barral, sous-prieure ;

Sr Marie de Leyssaud, ancienne ;

Sr Marie-Célinie de Moyria, cellérière.

Le Père de Larnage, à son départ de Prémol, y laissa en espèces la somme de 3,980 livres 12 sous, détaillée comme ci-après, suivant le bordereau écrit de sa main.

Bordereau de l'argent et espèces que je laisse en quittant Prémol, le 20 janvier 1732 :

200 vieux écus aux couronnes à 5 livres 13 sous............	1.150 l.	
Plus, 16 écus de Navarre, à 4 livres 10 sous............	72 l.	
Plus, 2 écus, à 5 livres 15 sous.	11 l.	10 s.
Plus, 55 louis et demi, vieux, à 18 livres................,	1.000 l.	
Plus, 3 louis vieux, à 24 livres 15 sous................	80 l.	5 s.
Plus, 1 demi-louis d'or au soleil.	11 l.	3 s.
Plus, 67 louis d'or de 24 livres..	1.608 l.	
Plus, argent blanc ou monnaie.	47 l.	12 s.
Total............	3.980 l.	10 s.

Le père dom Michel de Larnage mourut en 1758, après un généralat de vingt ans ; il eut pour successeur le père dom Bulet, à qui succéda le père dom Hilarion Robinet, dernier Prieur Général de la Chartreuse, à l'époque de 1790.

La chartreuse de Prémol ne dédaignait pas l'étude ; elle avait une bibliothèque composée, outre les livres de piété, de l'histoire de l'Ancien et du Nouveau Testament, de l'histoire de l'Eglise, de l'histoire de France et d'autres ouvrages. Le chapitre des dépenses annuelles pour les occupations des religieuses, comprenait une somme spéciale affectée aux achats de papier, de plumes, d'encre, de cire d'Espagne, de pains à cacheter, de feuilles de parchemin, de couleurs, de dorures, etc. Il y avait, dans les salles, des estampes, des cartes de géographie et des tableaux (1). L'une de ces estampes était celle des généraux de l'ordre, achetée en 1739 (2).

Les Pères de la communauté recevaient la gazette de Paris (3), et lorsque parurent les affiches du Dauphiné, on s'abonna à cette publication ; de manière que, jusqu'à un certain point, arrivaient à Prémol les nouvelles de la capitale et celles de la province.

Quant aux domestiques et autres gens de la maison, ils avaient aussi leurs délassements ; ils jouaient aux cartes et aux boules (4) ; parfois ils faisaient la chasse

---

(1) **Estampes** pour nos salles, 12 livres 15 sous. (Compte de 1724.)

Cinq cartes de géographie, 4 livres 10 sous. (Compte de 1735.)

Pour trois cartes de géographie, à 4 livres pièce, 12 livres. (Compte de 1745.)

Plus, huit estampes, 3 livres. (Compte de 1762.)

Acheté pour les salles cinq tableaux de rencontre, 21 livres. (Même compte de 1762.)

(2) L'estampe de nos généraux, 6 livres. (Compte de 1739.)

(3) Pour achever de payer les gazettes de mon prédécesseur, 6 livres. (Compte de 1746.)

(4) Pour six boules à jouer, 3 livres. (Compte de 1752.)

aux bêtes fauves ; ils creusaient des fosses pour prendre les loups (1) et ils organisaient, sous la direction du garde-bois ou de quelque habile chasseur, des battues pour se débarrasser d'animaux dangereux.

Dans ce but et afin de se défendre également contre toute agression de la part de personnes mal intentionnées, le monastère avait des armes, telles que fusils, pistolets, sabres et couteaux de chasse (2).

Une battue générale aux sangliers eut lieu au mois de septembre 1736, dans la forêt de Prémol ; elle dura deux jours ; on y tua une laie et son marcassin, qui furent présentés à M. de Cambis, commandant en chef pour le roi en Dauphiné (3). Aux gens du couvent s'étaient joints sept chasseurs des communes voisines ; entre autres le chasseur de M. de Langon,

---

(1) Fait creuser une fosse pour prendre des loups, 4 livres. (Compte de 1741.)

(2) Pour deux pistolets neufs et le raccommodage d'un autre, 12 livres 14 sous. (Compte de 1733.)

Un grand couteau de chasse, 8 livres 10 sous. (Même compte de 1733.)

Pour rétablir un fusil, payé à l'armurier de Vizille 15 livres 10 sous. (Compte de 1739.)

Pour faire remonter deux fusils et raccommoder d'autres armes, 10 livres 10 sous. (Compte de 1742.)

(3) En étrennes, le premier jour de l'an, et aux valets du visiteur, à celui qui tua la laie et le marcassin, présentés à M. de Cambis, 23 livres 2 sous. (Compte de 1736.)

Au garde-bois, pour avoir tué une louve, 6 livres. (Compte de 1734.)

Etrennes à celui qui a pris près de Boulot une petite louve, 12 sous. (Compte de 1742.) — Plus donné en étrennes aux domestiques pour un exprès venu de Villette et pour une biche et un petit loup, la somme de 37 livres. (Compte de 1743.)

seigneur de la terre d'Uriage, qui était réputé pour sa dextérité et son adresse (1).

Deux ans après, en 1738, dans une autre battue aux sangliers, fut tué un cerf (2).

Si nous croyons devoir entrer dans ces détails, c'est que, depuis longtemps, on ne trouve plus dans le pays ni cerfs ni sangliers. Le dernier cerf dont on ait souvenir a été tué sur la commune de Theys, en 1805, et le dernier sanglier, à Montaut, au-dessus de Veurey, en 1842 ; la dépouille de ce sanglier se voit au Musée d'histoire naturelle de Grenoble.

Les renseignements qui précèdent donnent une idée des habitudes et de la manière de vivre des religieuses de Prémol ; les documents suivants se réfèrent plus particulièrement à l'ancien état de la communauté. L'incendie de 1707 avait détruit en grande partie les bâtiments et l'église ; il fallut pour les relever et les mettre à même d'être habités sept ans entiers ; Ce fut en 1715 seulement que les religieuses, retirées dans un bâtiment du monastère de Saint-Hugon, purent enfin rentrer dans leur ancienne solitude. Quinze ans après, le mobilier de l'église n'était point encore au complet.

En 1731, il fut placé, pour décorer le sanctuaire, un

---

(1) Donné le 18 septembre à des chasseurs : à Georges Jat, deux jours de chasse, 1 livre 4 sous; à trois autres chasseurs, pour six jours de chasse, 3 livres 12 sous ; à Faulcon, pour deux jours de chasse, 1 livre; donné au chasseur de M. de Langon, 3 livres; dépensé en munitions, 1 livre 4 sous. (Compte, brouillard, de 1736.)

(2) Plus, deux livres poudre fine pour la battue générale aux sangliers et étrennes pour le cerf tué, 5 livres 14 sous. (Compte de 1738.)

devant d'autel en soie et un rétable qui coûta 200 livres, payées par le frère Bruno sur le produit de la pharmacie. On acheta un calice et deux burettes en vermeil, un crucifix et quatre chandeliers en bronze doré et cinq tableaux. L'année suivante furent entrepris de nouveaux travaux à l'église ; les religieuses brodèrent un pavillon en mousseline pour le tabernacle et une nappe d'autel en dentelles ; on fit faire un cadre en bois sculpté et doré pour un tableau de saint Bruno ; un nouveau cadre en bois sculpté et doré fut aussi fait pour sainte Roseline, en 1736. Cette année, on remplaça les vitres de l'église par des verres blancs.

Lorsque, en 1740, on érigea à Rome, au Vatican, la statue de Saint-Bruno, les religieuses de Prémol, sur la décision du chapitre général tenu cette année, contribuèrent à la dépense de cette érection pour la somme de 62 livres 14 sous 6 deniers.

En 1742, a été posée à Prémol une grande horloge pour laquelle on fit venir de Lyon deux maîtres horlogers, à qui l'on paya le voyage et le retour et douze jours de travail à raison de 4 livres par jour, sans compter la nourriture.

Après la pose d'une horloge, les religieuses donnèrent leurs soins à l'église et à la sacristie ; dès l'année 1743 elles achetèrent un bassin et deux burettes en argent. Elles y joignirent, en 1755, l'achat d'un encensoir avec sa navette et la cuillère, le tout en argent, ce qui coûta une somme de 315 livres 10 sous. Cette dernière année, elles passèrent avec Claude Albert, maître sculpteur à Grenoble, et les frères Guiffrey, maîtres serruriers de cette ville, les prix faits d'un autel sculpté, avec dorures et rétable, et d'une grille en fer orné et aussi doré, pour le chœur de leur chapelle. Ces derniers travaux, commencés en 1756 et terminés l'année suivante, coûtèrent une somme de plus de 3,000 livres, en laquelle figurent *300 livres pour trois milliers d'or battu*, à raison de cent livres le millier.

L'année 1758 a été désastreuse aux moniales de Prémol. Le 24 juin de cette année, jour de la fête de saint Jean, une partie de leur domaine des Abberges fut complétement dévastée, par les amas de terre et de graviers qui, en peu d'heures, y entraînèrent les eaux des ruisseaux voisins, débordés de tous côtés, à la suite d'un violent orage. Il fallut dépenser plus de 1 500 livres pour enlever seulement les terres et les pierres et rétablir les murs abattus.

Les montagnes, qui entouraient le couvent de Prémol et formaient autour du monastère une vaste enceinte de plusieurs kilomètres d'étendue, renfermaient des gîtes de fer. Nos religieuses entreprirent, vers le milieu du siècle dernier, d'exploiter ce minerai. Il était transporté, pour la fonte à l'usine du haut fourneau des Chartreux à Fourvoirie. Des notes, tirées des livres de comptes du monastère, nous apprennent qu'on dépensa pour exploitation des mines de fer 393 livres 11 sous 6 deniers, en 1761, et 599 livres 7 sous 3 deniers, en 1762.

Un autre genre d'industrie qui profita beaucoup plus aux religieuses fut l'exercice de la pharmacie. On voit par les comptes des recettes et dépenses des années, de 1725 à 1741, qu'elles avaient un apothicairerie dirigée par un frère convers Bruno Izoard, homme intelligent, apprécié de toute la communauté et qu'on se plaisait à désigner sous le nom de bon frère

Bruno. Les produits de cette pharmacie figurent, chaque année, dans les comptes, pour diverses sommes ; ils furent même, pour les deux années 1736 et 1737, de dix sept cent quarante-cinq livres. Ce pharmacien s'occupait également de l'officine des religieux de la Grande-Chartreuse, à la pharmacie particulière de leur monastère. A Prémol, se préparaient ainsi ces spécialités, alors estimées déjà et jouissant d'une réputation méritée ; telles que les élexirs et la boule d'acier. C'est avec le résidu des élexirs que les chartreux commencèrent à fabriquer, sous le nom de mélise une liqueur jaune, perfectionnée depuis et devenue la liqueur de la Grande-Chartreuse.

Un dernier frère convers apothicaire fut Pierre Liotard, attaché d'abord à la Grande-Chartreuse et successivement à la Chartreuse de Prémol, d'où il sortit, en quittant l'habit religieux, le 24 septembre 1790 ; il avait 35 ans. Rentré dans la vie civile il trouva à s'utiliser immédiatement, comme apothicaire en second, à l'hôpital militaire de Grenoble ; (1) quatre ans après, il se maria et s'établit comme pharmacien en cette ville où il mourut, le 19 novembre 1820, laissant une pharmacie bien montée, à l'un de ses fils Pierre Fortuné Liotard, qui lui succéda dans sa profession.

---

(1) Il y eut un moment, dans cette ville, deux Liotard Pierre, deux herboristes connus ; savoir : Liotard Pierre, dont nous parlons, et un autre Liotard Pierre, chargé de la culture du Jardin des Plantes, mort le 18 avril 1795, à la suite d'une blessure occasionnée par la chute d'un globe de pierre ornant l'entrée du jardin de botanique. Il n'y avait entr'eux aucun rapport de famille. Pierre Liotard, le pharmacien, était natif de St-Michel-les-Portes ; l'autre Liotard était né à St-Étiennede-Crossey, en 1729.

Quelques religieuses ont été mentionnées dans le courant de cette notice. Berengère, l'une d'elles, dont il est question, en 1239, appartenait à la famille Alleman, étant fille d'Odon Alleman, seigneur d'Uriage ; elle mourut vers 1270, époque où ses frères Guigues et Pierre Alleman, par un acte du 4 des calendes de janvier de cette année, traitèrent, au sujet de sa succession, avec la communauté de Prémol.

Nous citerons ici les religieuses suivantes : une sœur de Chabert de Gières, en 1332 ; Jacquette de Mailles, en 1471 ; Arthaude de Briançon, en 1516 ; une fille d'Eynard Fléard, en 1519 ; Catherine Terrail (sœur de Bayard), en 1520 ; Catherine d'Aurillac, fille de Jacques d'Aurillac, en 1530 ; Madeleine Salvaing, fille de François Salvaing, décédée en 1545 ; Marguerite de Miribel, même année 1545; Marie de Girard, en 1614, de la famille des Girard de Grangères ; Isabeau Marc, en 1615, de la famille du jurisconsulte François Marc ; Catherine du Faure, en 1630 et 1683, fille de Benoît du Faure, co-seigneur de St-Martin-le-Vinoux ; Françoise du Mottet, en 1654, de la famille des Mottet, seigneurs de Séchilienne; Catherine Falques, la même année 1654 ; Marie de Romanet, Marie de Garcin et Madeleine de Rousset, aussi cette année 1654 (ces deux dernières religieuses étaient alors, la première, sacristaine, et la seconde, célérière); Françoise d'Eybert, en 1662, fille de Claude Eybert, co-seigneur de Seyssinet, professe depuis 1617 (1) ; Madeleine de Lenchatre et Thérèse de Mottet, de la même famille que Françoise de Mottet et peut-être sa sœur, en 1678 ; Marie Emmérentianne

_____

(1) Sa dot a été de 1200 livres.

Barrul, en 1689 ; Anne Coquelin, en 1692 ; Marie
Ferrus et Angélique Clément, reçues en 1692 ; Marie-
Marguerite Vallet, professe de 1719 ; Marie-Louise
Chauvet, professe de la même année, et Marie-Elisa-
beth Baud, professe de 1720, âgée alors de 24 ans.

En 1760, on comptait à Prémol vingt et une religieuses, savoir : Marie-Célinie de Moyria, supérieure;
Pétronille de Viennois, sous prieure, professe de
1719 ; Pierrette Chomat, sacristaine ; Claudine Ollier,
sous-sacristaine, professe depuis 1723 ; Marie-Claudine Berthelier, professe depuis 1723 ; Charlotte
Couppie, professe depuis 1723, décédée le 28 décembre 1772 ; Victoire de Clermont Mont-St-Jean, d'une
famille de la Savoie, issue des Clermont du Dauphiné ;
Françoise Doriac ; Bibianne de Lolle ; Louise de
Blin ; Marguerite-Madeleine Brochier, professe depuis 1731 ; Anne de Plagne, d'une famille de Laval,
professe depuis 1738 ; Marie de Clavière, professe
depuis la même année 1738 ; Marie-Suzanne de Larnage, professe depuis 1740, nièce du Père Dom Michel de Larnage ; Marie-Gertrude Pain, professe
depuis la même année 1740 ; Louise Amabert, professe depuis 1744 ; Eléonore-Madeleine de Beaumont,
professe depuis 1751, décédée le 24 juin 1783 ; Hélène de Galles ; Elisabeth de Flotte, professe depuis
1753 ; Louise de Luiset, professe depuis la même
année 1753, décédée le 8 mai 1771.

Depuis lors ont été reçues religieuses : Jeanne-Céli-
nie de Morthon, le 1er mai 1761 (1) ; Gabrielle-Féli-

---

(1) Fille de Jean de Morthon et de Marguerite de Valères,
née à Luc en Rouergue, le 25 décembre 1741 ; elle avait pris
l'habit de novice, le 25 avril 1760.

cité de Rostaing, le 26 juillet 1766 (1); Marie-Eugé-
nie de Chantarel de Roussillon, le 25 juillet 1768 (2);
Marie-Jeanne Elisabeth-Françoise Martin, le 1er mai
1775 (3) ; Marianne-Roseline de Colombet, le 11 juin
1777 (4) ; Jeanne-Marie Vallon, en 1779 (5) ; Marie-
Marguerite-Adélaïde de Serre, cette même année (6) ;
Françoise-Catherine de Tournois, le 1er mai 1784 (7) ;
Marie-Mélanie Durosier, le 6 octobre 1785 (8).

Il suit de ces indications que les religieuses survi-
vantes, à l'époque de la suppression du monastère de
Prémol, étaient, d'après l'ordre de réception, au nombre de vingt-quatre : Pierrette Chomat, Claudine Ollier, Marie-Claudine Berthelier, Victoire de Cler-

---

(1) Décédée le 26 juillet 1783 ; fille d'Antoine de Rostaing et
de Marguerite de Chabert de Bouvier, née à Chonas-en-Viva-
rais ; admise, comme novice, le 22 juillet 1763.

(2) Née à Monteynard, près de La Mure, le 19 juillet 1751,
fille de Charles Chantarel de Roussillon et de Françoise Potin ;
elle avait pris l'habit le 25 juillet 1768.

(3) Née le 24 mai 1756, à Chabeuil, fille de Joseph Martin,
notaire de ce bourg, et de Jeanne Bonfils ; reçue novice le 30
avril 1774.

(4) Fille de Joseph-Roch de Colombet, et de Françoise de
Vérune, née le 16 août 1756 à Langogne, en Vivarais ; ayant
pris l'habit le 9 juin 1776.

(5) Née à Gap, le 24 janvier 1757, fille de Laurent Vallon,
ancien notaire de cette ville et de Jeanne Roubaud ; entrée,
comme novice, en 1774.

(6) Fille de Melchior de Serre, ancien capitaine, chevalier
de St-Louis, et de Marguerite de Marillac, née à Gap, le 21
août 1759.

(7) Née à Quirieu (Isère), le 13 janvier 1763, fille de François de Tournois de Bonvallet, et de Marie-Catherine Flo-
card de Port-Vieux.

(8) Née au Pont-de-Beauvoisin (Isère), le 1er novembre 1764 ;
fille d'Antoine Durosier et d'Elisabeth-Mélanie Brochier.

mont-Mont St-Jean, Françoise Doriac, Bibiane de Lolle, Louise de Blanville, Marguerite-Madeleine Brochier, Anne des Plagnes, Marie de Clavières, Suzanne de Larnage, Marie Pain, Louise Amabert, Hélène de Galles, Félicité de Rostaing, Marie Eugénie de Chantarel de Roussillon, Marie-Jeanne-Elisabeth-Françoise Martin, Marianne-Roseline de Colombet, Jeanne-Marie Vallon, Marie-Marguerite-Adélaïde de Serre, Françoise-Catherine de Tournois, et Marie-Mélanie Durosier ; en tout vingt-quatre religieuses. Plusieurs d'entr'elles quittèrent alors la maison religieuse et se rendirent dans leurs familles. Un an après, à la date du 18 janvier 1791, il y avait encore à Prémol, treize religieuses, autant de sœurs données, trois religieux et cinq frères donnés. Le doyen d'âge de ces frères donnés, Antoine Bonniot, né le 27 octobre 1722, avait 68 ans ; il était dans la communauté depuis le 24 juillet 1747.

Ces treize religieuses étaient : Marguerite-Madeleine Brochier, supérieure ; Louise de Blanville ; Hélène-Marie de Galles ; Louise-Thérèse-Rosalie de Luiset, célérière ; Benoîte-Catherine Crépu ; Jeanne-Antoinette-Célinie de Morthon ; Marie-Eugénie de Roussillon ; Marie Martin ; Marie-Roseline de Colombet ; Jeanne-Marie Vallon ; Adélaïde de Serre ; Marie du Tournois, et Marie-Mélanie Durosier.

Dès le mois de septembre 1790, les trois religieux, savoir : Antoine Nantas, en religion dom Basile, vicaire, supérieur ; Jean Claude Bonnière, en religion dom Hilarion, procureur, et Pierre Rousset-Guélin, en religion dom Macaire, coadjuteur, avaient déclaré entre les mains des commissaires du directoire du district de Grenoble, être dans l'intention de vouloir résider en l'ordre des Chartreux, tant qu'on jugerait les y devoir laisser. Ils habitaient encore tous les trois la maison de Prémol au mois de janvier 1791.

Prieures de Prémol.

Vuillelme (*Villielma*), première prieure de Prémol, à dater de la fondation de ce monastère, en 1234.

Lagière (*Lageria*), en 1239. — Elle assista, le 8 des ides d'octobre de cette année, avec les religieuses de sa communauté, à la donation que leur fit Odon Alleman, seigneur d'Uriage, de tout ce qu'il avait en la maladerie de Vaulnaveys, terres cultes et incultes, à la charge de tenir dans cet hôpital un religieux, un clerc et deux lépreux. — Le 15 des calendes de janvier 1240, elle consentit à un accord, avec Lambert Francis ou François (*Francisci*), Lantelme Francon et Bernard Mellioret, chevaliers, au sujet de certains droits qu'ils prétendaient avoir sur une grange ou métairie, dite *la Mendria*, que les religieuses possédaient à Peyrins. Il paraît que cet immeuble, situé assez loin de leur communauté, faisait partie des biens de la fondation du monastère par la dauphine Béatrix. Les religieuses, quelques années après, par un acte du 13 des calendes d'avril 1252, cédèrent cette grange de la Mendria au dauphin Guigues VII, qui de son côté leur remit en échange une autre grange plus rapprochée, située à La Mure, touchant *les clôtures* (murailles) de la ville.

La même Lagière fut présente à la déclaration que souscrivit la dauphine Béatrix, alors veuve du Dauphin Guigues-André, dans l'église de Prémol, sous la date du dimanche avant la fête de l'Assomption 1245.

Par cet acte, Béatrix reconnaît que, suivant ses lettres
de la fondation de ce monastère, elle s'était engagée
à lui assurer une rente ou cense annuelle de treize
livres, et, comme rien encore n'avait été réglé à cet
égard, elle fait connaître que, si elle vient à mourir
avant qu'elle ait acheté un fonds, pour la sûreté de
cette rente, elle veut et entend que les religieuses prennent, dans ses bestiaux et troupeaux, une quantité de
bétail pour une valeur de cinq mille sous, de manière
qu'avec cette somme elles puissent acheter elles-mêmes
ce fonds à leur convenance. On voit, d'après la teneur
de cette charte, que la véritable fondatrice de Prémol, est bien Béatrix, femme du dauphin Guigues-
André. Elle s'exprime, à ce sujet, dans les termes les
plus précis. Il est facile d'en juger : « Sachent tous,
« présents et à venir qui liront les présentes lettres,
« que nous Béatrix, comtesse de Vienne et d'Albon,
« devons et reconnaissons devoir à dame Lagière,
« prieure et au couvent des Moniales du monastère
« de Prémol, treize livres censuelles de monnaie Viennoise et Valentinoise, payables annuellement à perpétuité, à cause du vœu que nous avons formé et
« de la promesse par nous faite, quand nous avons
« fondé ledit monastère, en l'honneur de la sainte et
« individuelle trinité et de la très glorieuse toujours
« Vierge Marie, pour le salut de notre âme, de celle
« du Seigneur Dauphin, aujourd'hui décédé, en son
« vivant notre époux d'heureuse mémoire et des âmes
« de nos prédécesseurs (1). »

---

(1) Noverint universi presentes litteras inspecturi, quod nos,
Beatrix Vien. et Albon. comitissa, debemus et nos debere cognoscimus domine Lagerie, priorisse et conventui Sancti monalium monasterii de Pratomolli, etc., etc.

Marie Bonne-Amie *(Bonnamica)* — Elle fit, le 5 des calendes de janvier 1281, un échange avec Hugues Chambrier, habitant de Vizille. Par cet acte, elle remit à Chambrier un tènement de terre, situé à Montfalcon, sur les paroisses de Vizille et de Séchilienne, et, celui-ci déchargea la maison de Prémol des rentes qu'elle lui faisait sur un autre tènement de terre, situé à Vaulnaveys, appelé en Sottisson. Cette prieure etait, à cette époque, religieuse professe de Prémol, depuis plus de 45 ans.

Catherine Alleman, fille d'Odon Alleman, seigneur d'Uriage, religieuse dès avant 1239 ; elle était, cette année, la plus jeune professe de la communauté. — Guigues Merlet, chapelain de la Maladière des Alberges, renonça, entre ses mains, par acte du 26 avril 1284, en faveur de la maison de Prémol, au bénéfice temporel dont il jouissait, à raison de sa chapellenie.

Mayence *(Mayencia)*, en 1293. Elle accepta, au nom de ses religieuses, la donation que leur fit de tous ses biens Martin Belmont, par acte daté du lundi de la semaine de la fête de St-Jean-Baptiste de cette année 1293.

Catherine Alheman, en 1320, probablement nièce d'autre Catherine Alleman, précédente prieure. — Elle passa, sous la date de cette année, conjointement avec Guillaume de Crémieu, vicaire de la maison de Prémol, quittance d'une somme de 120 livres due sur les moulins de Moras, acquis par le Dauphin, et qui avaient appartenu à Guillaume Bertholin, du lieu de Rivoire, au mandement de Moras.

Catherine de Mailles *(de Maylliis)*, en 1341. — De graves difficultés s'étaient élevées entre les religieuses de Prémol et les habitants des paroisses de

Vaulnaveys, Brié, Herbeys et Angonnes, dans le mandement de Vizille, relativement aux droits que ces d-rniers se disaient avoir dans les bois montagneux les plus rapprochés du monastère.

Après plusieurs débats, le Dauphin Humbert II voulut ê're lui-même l'arbitre et l'amiable compositeur des parties. Il examina et fit examiner leurs titres ; il entendit leurs plaintes respectives ; il visita les lieux contentieux, et le 16 juillet 1341, assisté d'Etienne de Ciserin, notaire, l'un de ses conseillers, il rendit une sentence qui régla pour le moment les prétentions des intéressés. Par cette sentence, le Dauphin voulut que tous les terrains, parcours, prairies et pâturages à partir du pont *de Corbières*, tendant droit jusques à la *Roche-Ferrière*, où descend le ruisseau venant de la *fontaine du Sueyl*, et, de cette roche, montant jusqu'à cette fontaine, et de cette fontaine, en montant toujours en droit fil jusqu'à la sommité de *Large-Frayte*, en suivant la draye jusques à la sommité du pré de *les Menères*, joignant *Mont-Gaudet*, et de cette sommité, en suivant la draye, toujours en montant jusques à *Ferret*, et, de là, jusqu'à l'entrée du *Mont-Recoin* qui regarde Vaulnaveys, au-dessus de Mont-Gaudet, et, de ce lieu où la draye touche audit *Ferret*, en montant toujours droit, par la draye, jusqu'au pied de *Roche-Pointue*, et de ce pied de Roche-Pointue, en allant par droit fil jusqu'au mandement d'Uriage, fussent délimités et divisés entre les parties, savoir : la maison de Prémol, d'une part, et les habitants des quatre paroisses, d'autre part. Ces habitants devaient tenir leur portion de ces terrains, pâturages et parcours en albergement du monastère de Prémol et lui payer une rente ou pension annuelle de quatre livres, bons Viennois. Il était permis aux habitants de bucherer dans les bois de la Chartreuse, à l'exception de ceux étant à l'aspect du monastère. Chaque habitant pouvait tenir également dans les montagnes des religieuses de Prémol des bestiaux, à raison de six deniers pour 160 têtes de bétail. Un article spécial portait que s'il était nécessaire de couper des bois noirs pour la construction de bâtiments incendiés ou autrement, la demande en serait faite au monastère et que le prix de ces bois lui serait payé à dire d'experts. En cas de désaccord ou de discussions quelconques, c'était au châtelain de Vizille ou à son lieutenant à terminer toutes difficultés.

La sentence précitée du 16 juillet 1341 nous a conservé les noms, soit des religieuses formant alors la communauté de Prémol, soit des syndics ou procureurs des hommes des quatre paroisses de Vaulnaveys, Brié, Herbeys et Angonnes.

Voici les noms des religieuses indiquées dans cet ordre : Catherine de Mailles, supérieure ; Jeanne d'Oisans (*de Oisencio*), sacristaine ; Catherine de la Buissière (*de Buxeria*), cellérière ; Etiennette de Vienne (*de Vienna*) ; Alise de Revel (*de Revello*) ; Marguerite de Royn (*de Ruyno*) ; Pétronille et Catherine de Porte-Traine (*de Porta-Troina*) ; Françoise de la Balme (*de Balma*) ; Catherine de Lafont (*de Fonte*) (1) ; Griffonne Barral (*Barrale*) ; Reynaude

---

(1) D'une famille de Vaulnaveys. Guillaume de la Font, habitait cette paroisse en 1307 ; il vendit, par acte du di-

de Prémol (*de Prato-Molli*) ; Catherine de Theys (*de Theysio*) ; Guillette d'Avignon (*de Avinione*) ; Alise Barral (*Barrale*) ; Bonnarée de Chambrier (*de Cambareio*) (1) ; Guigonne du Pont (*de Ponte*) ; Catherine de la Combe (*de Comba*) ; Alise Revoire (*Revorie*) ; Marguerite d'Oisans *(de Oisencio)* ; Catherine de la Pierre (*de Petra*) ; Catherine Morard (*Morardi*) ; Alise d'Avalon (*de Avalone*) ; Catherine des Vignes (*de Vineys)* ; Béatrix de Beaufort (*de Bello-Forte)* , Françoise Toscan *(Tosquani)* ; Simonde de la Tour *(de Turre*) ; Jacquemette de Meylan (*de Meolano*) ; Aynarde du Gua *(de Vado)*; et Catherine Gros (*Grosse*) ; en tout trente religieuses.

Les noms des syndics ou procureurs des quatre paroisses de Vaulnaveys, Brié, Herbeys et Angonnes, indiqués dans la sentence de 1341. sont les suivants : Pierre Charbot, Jean Girin, Durand Chaléon, Etienne Pèrier, Jean Joubert, Jacques Geneveys et Guillaume Barlet.

Guicharde, 1355. — Elle reçut, le 19 avril de cette année, la déclaration que lui passèrent les détenteurs de fonds de la montagne de Miribel, sur la paroisse de Livet, de les tenir du fief et du domaine de la maison de Prémol et de lui en payer les censes.

---

manche de l'Octave de Pàques de cette année, à la maison de Prémol, trois éminées de terre au pré de Garandières, pour le prix de 60 sols.

(1) D'une famille de Vizille, où habitait Hugues Chambrier, en 1281.

Catherine, en 1380.

Jeanne Richard, en 1410. — Elle albergea, par acte du 7 avril de cette année, à Jean Favier deux sétérées de terre, situées à Vaulnaveys, lieu dit à Pilat, près de la vigne des Alberges, sous la cense annuelle d'un cartal de froment, sans directe.

Isabelle de Theys, en 1471. — Cette prieure était d'une famille, de la paroisse de Claix; nous la croyons sœur d'Hugues de Theys, mari d'Hélène Dury ou Durif, qui, vers ce te époque, vendit aux religieuses de Prémol divers immeubles, près de leur domaine de la Tour, sur le territoire de Grenoble. Elle acquit, par acte du 28 mars 1471, d'Antoine Vachier et de son fils Michel, au prix de 30 florins, une vigne du contenu d'environ une sétérée, sur la paroisse de Vaulnaveys, au lieu des Alberges. Elle fit d'autres acquisitions; elle traita, sous la date du 18 janvier 1485, avec les habitants des paroisses de Vaulnaveys, d'Herbeys, de Brié et d'Angonnes, au sujet des bois à l'aspect de Prémol. Elle vivait encore en 1495. Une Catherine de Theys était religieuse à Prémol, un siècle et demi auparavant, en 1341.

Jacquette de la Combe, en 1515. Catherine de la Combe était religieuse à Prémol en 1341.

Jeanne de Saint-André, en 1517.

Anne de la Buissière, en 1518. Catherine de la Buissière était religieuse à Prémol en 1341.

Isabelle de Theys, probablement nièce d'autre Isabelle de Theys, ancienne prieure de Prémol. Elle régit peu de temps son monastère; elle mourut en 1520.

Geneviève Morard. — Elle venait, depuis quelques

jours, d'être nommée prieure, lorsque, en son absence, mais pour elle et au nom de sa communauté religieuse, Nicolas Thomé, vicaire de la maison de Prémol, acheta de Nicolas Ruynat, habitant de la paroisse de Vaulnaveys, par acte du 4 février 1520, au prix de 400 écus d'or, un tènement d'étang, avec chaussée et plaçage y contigus, situés sur cette paroisse, lieudit l'étang de la Faurie, attenant au clos que, déjà possédaient les Chartreuses (1). Geneviève Morard vivait encore en 1538. Elle était de la famille des Morard qui, pendant un siècle, de 1541 à 1640, ont été châtelains d'Allevard. Catherine Morard, de la même famille, était religieuse à Prémol en 1341.

Ainarde Ruynat, en 1561. Cette prieure était de Vaulnaveys même, et probablement elle était fille de Nicolas Ruynat, châtelain de Vizille, qualifié d'habi-

---

(1) Constituit nobilis Nicolaus Ruynat, parrochie Vallisnavigii qui, gratis, vendidit et in titulo pure, perfecte, simplicis et irrevocabilis venditionis, tradidit in perpetuum, habere voluit et concessit, seu quasi, pura venditione remisit venerabili et religiose domine Genescte Morarde, humili priorisse venerabilis monasterii Pratimollis, absenti, venerabile viro domino Nicolao Thome, patri vicario dicte domus et dominicarum monalium stipulante et recipiente, nomine quo supra, videlicet quodam tenamentum stagni, chossiate cum plassagio sibi contiguo, situm in parrochia Vallisnavigii, loco dicto in La Faurie; juxta possidet dicta domus Pratimollis ab occidente, etc., acte reçu par Jean Chatillon (*Castillionis*) et Jean Bouloud (*Bolaudi*), passé dans la maison des Alberges de Prémol, en présence de Jacques de Viennois, protonotaire du Saint-Siège apostolique, de noble Henri Soffrey, de Thomas Muriane et autres témoins.

tant de la paroisse de Vaulnaveys dans l'acte de vente du 4 février 1520, précité (1).

Marguerite Fleuret, en 1580.

Françoise Pilat, en 1594, sœur de Jacques Pilat, sieur du Jayet (2). Elle comptait plus de 46 ans de religion ; car déjà elle était religieuse à Prémol, avec sa sœur Marguerite, en 1548.

Jeanne Alleman, en 1603. Barbe Alleman de la même famille, était religieuse de Prémol en 1618 ; elle vivait encore en 1637.

Clauda ou Claudine Buffevant, en 1614 ; fille de Jacques de Buffevant et de Françoise de la Poype-Saint-Julin. Elle était déjà fort âgée, étant religieuse depuis 1544.

Jeanne de Sonnas, d'une famille de la Savoie, en 1618. — Une délibération, prise capitulairement par la communauté de Prémol, au son de la Cloche, au-devant de la chapelle de Sainte-Anne, en date du 15 août de cette année, pour la réception d'Ennemonde Garcin, nous a conservé les noms de treize religieuses

-----

(1) Cette famille Ruynat dite aussi de Ruynat, habitait Vaulnaveys, où elle possédait un fief appelé la Tour ; elle est finie en la personne de Jean-Victor-Mathieu de Ruynat, conseiller du Roi, trésorier de France en la généralité du Dauphiné, décédé dans la seconde moitié du dernier siècle, ne laissant qu'une fille unique, Julienne de Ruinat. Elle avait épousé Jean-Antoine Mure, qui, ayant acquis la terre de Larnage, en prit depuis le surnom.

(2) D'une famille de la Buissière qui, au XIVe siècle, avait tourni Humbert Pilat, secrétaire et conseiller du Dauphin Humbert II.

de cette maison. Elles sont indiquées dans cet ordre : Jeanne de Sonnas, prieure ; Catherine Alleman, sous-prieure ; Lucrèce de Baroncelli (1), Laurence de Chapponay, Françoise de Mottet, Françoise Thivoley, Catherine Falques, Jeanne Falques, Françoise de Grangères (2), Barbe Alleman, Marie de Romanet, Marie de Garcin, Marie de Grangères (3).

La nouvelle sœur chartreuse, Ennemonde Garcin, reçue religieuse de chœur, était fille de Jean Garcin, et d'Isabeau Falques, du lieu de Saint-Bueil, au mandement de Saint-Geoire. Elle eut une dot de 1200 livres, ou du moins une somme en équivalent, partie en argent et partie en rente. Il lui fut donné pour la cérémonie de sa réception : deux robes, deux coeffes, une bague en or et six aunes de crêpe noir pour voile. Cette bague et le voile étaient deux objets de rigueur. Il est probable que, par sa mère, Ennemonde Garcin devait être proche parente peut-être nièce des deux religieuses Catherine et Jeanne Falques ci-dessus nommées.

Jeanne de Gerbais, en 1624 ; d'une famille de la Savoie.

Catherine Alleman, en 1625 et 1648 (4). — On lit les noms de seize religieuses de Prémol, dont se com-

---

(1) D'une famille du Comtat, originaire de la Toscane, issue de Pierre Baroncelli, qui expulsé d'Italie pour s'être prononcé contre les Médicis, vint en deçà des Alpes et s'établit dans le comté d'Avignon.

(2) Françoise Girard de Grangères.

(3) Marie Girard de Grangères.

(4) Une autre Catherine Alleman était cellerière en 1678.

posait alors la communauté, au bas d'un contrat du 9 mai 1637, par lequel elles consentent à ce qu'un frère donné de leur maison, Paul Severon (1), soit admis en cette qualité à la Chartreuse de Montrieu, sous l'approbation du révérend père prieur général de l'ordre, ce qui fut confirmé par son ordonnance du 15 du même mois (2). Les noms de ces religieuses sont indiqués dans cet ordre : Catherine Alleman, prieure ; Jeanne de Falques, sous-prieure ; Françoise du Mottet ; Françoise Thivoley ; Catherine Falques ; Cécile de Puvélin (3) ; Barbe Alleman ; Marie de Romanet ; Marie de Garcin ; Marie de Grangères (4) ; Marthe Garcin ; Anne Eybert ; Madeleine Rosset ; Catherine du Faure ; Marie Boussan ; Elisabeth de Garcin, en religion Saint-Joseph.

Marie de Garcin, en 1652 ; fille de Pierre de Garcin, sieur de Châtellard, du lieu de Seyssins, et de Florence Carles; décédée en 1678 (5).— Elle mourut,

---

(1) Il était donné de Prémol, depuis le 25 janvier 1624.

(2) Cette ordonnance, rendue par Juste Perrot, général de l'ordre, successeur de Bruno d'Affringues, est ainsi conçue : « Nous, frère Juste, prieur de Chartreuse, général de l'ordre des Chartreux, ratifions ce qui est ci-dessus escrit ; voulons que ledit Paul soit doresnavant donné de ladite Chartreuse de Montrieu, qui pourra le recevoir en l'habit de frère Convers, dispensant en tout ce que dessus tout ce qui pourroit estre par dessus, ou mesmes contre les statuts de l'ordre. Fait en Chartreuse, pendant le Chapitre Général, 1637. Signé: F. Juste, prieur de Chartreuse.

(3) Ou plutôt Cécile Alleman de Puvelin.

(4) De la famille des Girard, sieurs de Grangères.

(5) Sa sœur Rénée de Garcin, femme de Jacques Randon de

pleine de vertus, regrettée de toute la communauté, ainsi que le constate l'éloge mérité que lui donna le prieur général de l'ordre, Innocent Le Masson, dans la lettre de nomination d'Anne Pascal de Lompra, appelée à lui succéder en qualité de prieure.

Anne Pascal de Lompra, nommée prieure, par ordonnance du prieur général de l'ordre, en date du 16 mars 1678. Elle avait 45 ans d'âge (1) et 27 ans de religion (2). Elle était d'une grande piété et tenue par toute sa communauté comme digne de la direction qu'on lui confiait. Nous transcrivons ici cette ordonnance de sa nomination ; document aussi élogieux pour elle que pour la pieuse défunte à qui elle succédait ; document précieux, sousun autre rapport, en ce qu'il émane de l'un des prieurs généraux de l'ordre des plus distingués.

« Frère Innocent, prieur de Chartreuse, général

Vienne, lui fit un legs, par son testament du 30 décembre 1669, et donna une somme de cent livres à la maison de Prémol, pour l'achat d'un crucifix en argent, à mettre sur l'autel.

Marthe de Garcin et Elisabeth de Garcin de la même famille étaient, en 1662, la première, sacristaine, et, la seconde, cellérière. Elles étaient parentes plus ou moins éloignées d'Ennemonde Garcin, reçue religieuse en 1618, et fille de Jean Garcin du lieu de Saint-Beuil, au mandement de Saint-Geoire. Les Garcin, de Seyssius, étaient, eux aussi, originaires de ce mandement.

(1) Née à Saint-Geoire (Isère), le 24 décembre 1633 ; fille de Jean Pascal de Lompra, avocat au parlement de Grenoble, et de Claudine de Gumin.

(2) Son contrat d'entrée en religion, à Prémol, était du 30 avril 1651.

« de l'ordre des Chartreux, à nos très chères filles
« en J.-C. les moniales Chartreuses de Prémol, sa-
« lut, en celui qui est notre salut et notre résurrec-
« tion.

« La mort survenue de notre vénérable mère
« prieure, après vous avoir si longtemps servi par
« ses exemples et par ses soins, vous a du causer avec
« raison des sentiments de douleur ; car les bons offi-
« ces qu'elle vous a rendus à toutes, outre les raisons
« de son propre mérite, ont frappé sensiblement des
« cœurs comme les vôtres, qui ne sont point de ceux
« que le saint apôtre blâme d'être sans affection ;
« mais cette mort qui a produit la nécessité de vous
« pourvoir d'une autre mère, m'a mis dans une solli-
« citude d'autant plus prématurée que Dieu sait l'af-
« fection qu'il me donne pour tout ce qui vous re-
« garde. Soyez donc bien persuadées que je n'ai rien
« omis de ce que je devois, pour connoître mieux la
« volonté de Dieu dans cette rencontre et pourvoir à
« vos utilités spirituelles, que je crois ne pouvoir
« mieux ménager qu'en vous donnant pour prieure
« la vénérable sœur Anne de Lompra. C'est pourquoi,
« après avoir bien demandé à Dieu, sur ce sujet, la
« lumière et le secours de son saint Esprit, tant de
« mon autorité que de celle de notre chapitre général,
« je vous institue pour prieure ladite vénérable mère
« Anne de Lompra, au nom du Père et du Fils et du
« Saint-Esprit ; à laquelle je commande d'accepter la
« charge que je lui impose, et j'ordonne que chacune
« de vous ait à la reconnoître pour sa légitime
« prieure et à lui rendre, pour Dieu, toutes les corres-

« pondances de charité et de soumission qui convien-
« nent à des âmes choisies comme vous, qu'il a enle-
« vées du milieu du monde , pour les transférer au
« royaume de son fils bien-aimé, où il se plaira de
« vous faire ressentir et connoitre les richesses et les
« effets de sa charité, à proportion qu'il vous verra
« soigneuses de vous tenir unies en son esprit et de
« vous détacher de tout ce qui pourroit attacher ou
« partager vos cœurs qu'il n'a fait que pour l'aimer
« uniquement. Ce sont là les sujets des souhaits que je
« lui fais pour vous.

   « Donné à la Chartreuse, sous notre seing et scel
« ordinaire, ce 16 mars 1678.

   « F. Innocent, prieur de Chartreuse.

   « F. Léon de Franqueville, scribe de notre R. P.
« et du chapitre général. »

   La nouvelle prieure ne gouverna le monastère que
cinq ans ; elle mourut le jeudi saint, 15 avril 1683,
n'ayant point encore atteint l'âge de cinquante ans.
Une particularité qu'offrait sa mort, à pareil jour, et
qui ne dut pas échapper aux religieuses, c'est qu'étant
née le 24 décembre, veille de la naissance du Seigneur, elle décéda le Jeudi-Saint, veille du jour com
mémoratif de la mort du Sauveur.

   Honorate Chaboud, de 1683 à 1706; religieuse
depuis 1653 (1).

---

(1) Fille d'André Chaboud, secrétaire greffier de la ville de
Grenoble et sœur d'autre André Chaboud, conseiller du Roi,
auditeur en la chambre des comptes du Dauphiné. Deux Catherine Chaboud, de la même famille, ont été, l'une, sous-
prieure de 1719 à 1730, et l'autre, cellérière en 1763.

Marie-Anne Boussan, de 1707 à 1717 ; religieuse depuis 1658 (1).

Françoise Rosset de la Martellière, ancienne sous-prieure et ancienne maîtresse des novices ; prieure, de 1717 à 1731, année de son décès ; religieuse depuis 1653 (2).

Claudine Clément, ancienne sous-prieure ; prieure, de 1731 à 1733 (3).

Marie Emérentianne de Barral, ancienne sous-prieure ; prieure, de 1733 à 1739 ; religieuse, depuis 1689.

Marie-Antoinette-Célinie de Moyria, ancienne cellérière, prieure, de 1739 à 1770, décédée le 22 mai

---

(1) Blanche Boussan, peut-être sa sœur, était en même temps sous-prieure. Il y avait déjà eu à Prémol, en 1637, une religieuse de leur nom, Marie Boussan, probablement leur tante.

(2) Fille d'Hugues de Rosset de la Martellière, conseiller au parlement de Grenoble ; elle était cousine d'une précédente prieure, Anne Pascal de Longpra ; sa dot a été de 3000 livres. Madeleine Rosset, de la même famille, était religieuse de Prémol en 1637.

(3) Angélique Clément, peut-être sa sœur, a été reçue religieuse à Prémol, en 1691, avec une dot de 3000 livres.

Une même somme de 3000 livres a été la dot de Marie-Françoise de Ferrus, reçue religieuse en 1690. Ce chiffre de 3000 livres paraît avoir été celui des plus fortes dots. Les besoins de la communauté portèrent depuis, les visiteurs de l'ordre à demander qu'il fût augmenté. L'un de ces visiteurs établit, par certificat du 28 mars 1716, qu'il était de toute nécessité d'obtenir du Saint-Siège, pour la Chartreuse de Prémol, la permission de recevoir des dots de 3500 livres au moins, pendant seize ans, attendu la pauvreté de cette maison.

de cette dernière année ; religieuse depuis 1718 (1).

Madeleine Brochier, nommée prieure après la mort de Marie-Antoinette-Célinie de Moyria, an 1770 ; religieuse depuis 1731 ; dernière prieure (2).

---

(1) Elle était probablement nièce du père dom Louis de Moyria, religieux Chartreux distingué, qui durant plusieurs années, géra avec un soin particulier, comme syndic de la Grande-Chartreuse, les affaires contentieuses de sa communauté. Cette prieure appartenait à une famille du Bugey, qui donna de père en fils, au Dauphiné, trois Sénéchaux du Valentinois, de 1719 à 1759. La sœur de Moyria était aimée de sa communauté ; aussi le jour où elle a été reconnue prieure, fut-il un vrai jour de fête. Le cahier des dépenses de la maison de Prémol, contient cette annotation, à la date de 1739. *Plus a dépensé* (le comptable) *pour la fête et jour de l'installation de la vénérable sœur Célinie de Moyria, cellérière, nommée prieure de Prémol par notre révérend père dom Delarnage ; la dépense, en sucrerie, liqueurs, fruits, étrennes, se monte le tout à cent douze livres, treize sous.*

Il est bon d'ajouter que le jour anniversaire de l'installation de la prieure était également un jour de fête, pour la communauté. On appelait cette fête : *le Royaume de la Vénérable mère.*

(2) Elle avait alors 54 ans, étant née le 12 mars 1716, à Grenoble ; elle était fille de Benoît Brochier, procureur au parlement de cette ville, et de Claire Bozonat. Elle se trouvait parente de Marguerite Vallet-Versin, religieuse de Prémol, à la même époque, et tante de deux religieuses carmélites de la maison de Grenoble : Madeleine Brochier, en religion Anne-Madeleine de Saint-Jean de la Croix, supérieure de cette communauté, et Elisabeth Brochier, dite en religion Marie-Christine de Sainte-Elisabeth, filles de François-Philippe Brochier, procureur au parlement de Grenoble, et de Marie-Madeleine Vallet-Versin.

Sous-prieures.

La liste des religieuses de Prémol, à notre connaissance la plus ancienne, date de l'année 1239. Elle
mentionne, comme remplissant des fonctions dans
la communauté, deux seules religieuses : Lagière,
prieure, et Vuillelme, sacristaine. Une liste plus récente, de l'année 1341, outre ces deux dignitaires :
Catherine de Mailles, prieure, et Jeanne d'Oisans,
sacristaine, relate une troisième officière, Catherine
de La Buissière, cellérière. On appelait ainsi la religieuse chargée des approvisionnements et des dépenses de la bouche. C'était, en d'autres termes, l'économe de la maison. Il est à croire que dans l'origine,
la sacristaine occupait la seconde place de la communauté et qu'en cette qualité elle remplaçait de
droit la prieure.

En 1618 et depuis cette époque, il est constamment
fait mention d'une sous-prieure ; nous en donnons la
liste aussi complète que nous avons pu la dresser
d'après les documents authentiques.

Catherine Alleman, en 1618 ; devenue ensuite
prieure (1).

Jeanne Falques, 1637 (2).

---

(1) Prémol a eu plusieurs religieuses du nom de cette famille ; la dernière a été Catherine Alleman, cellérière, en
1678.

(2) Catherine Falques, sa sœur, était déjà cette même année,
religieuse de Prémol ; elle figure comme ancienne dans le
conseil d'administration de la communauté, de 1657 à 1680.
Ces deux religieuses étaient cousines d'Ennemonde Garcin,
reçue religieuse en 1618, et parentes ou alliées des autres
sœurs de Prémol, du nom de Garcin.

Marie Girard de Grangère, 1653 et 1682 (1).

Blanche Boussan, 1683 et 1708 (2)

Isabelle Chaboud ou Chaboud de la Bayette, 1709 et années suivantes (3).

Françoise Rosset de la Martellière, 1715 et 1717 ; en même temps, maîtres e des novices ; nommée ensuite prieure (4).

Catherine Chaboud ou Chaboud de Lorsière, 1718 et 1730 ; ancienne portière et ancienne cellérière.

Claudine Clément, 1730 ; nommée prieure l'année suivante.

Marie Emmérentianne de Barral, 1731 ; ancienne cellérière ; nommée prieure en 1733 (5).

Marie de Monteynard de Leyssaud, 1733 et 1740 ; ancienne portière (6).

---

(1) Sa sœur, Françoise Girard de Grangères était religieuse, avec elle, dès 1637.

(2) Sœur de Marie-Anne Boussan, qui a été prieure de 1707 à 1717.

(3) Elle signe le plus souvent sœur Isabelle Chaboud, et, quelquefois Isabelle de la Bayette. Elle était proche parente d'Honorate Chaboud, qui fut prieure de 1683 à 1706. Elle fit partie du conseil d'administration de la communauté de Prémol de 1702 à 1705 et années suivantes.

(4) De la même famille que Madeleine Rosset ou Rousset, religieuse en 1637. Cette famille était du mandement de Voiron où se trouvait le fief de la Martellière, dit aussi Martillière.

(5) La communauté de Prémol comptait déjà trois religieuses de ce nom de famille, savoir : Griffonne Barral et Alise Barral en 1341 et Marie-Anne Barral, en 1667 et 1668.

(6) D'une famille venue de la Savoie, établie à Grenoble et

Marie-Françoise de Ferrus, 1741 et 1747 ; religieuse depuis 1690 ;

Pétronille de Viennois, 1747 ; ancienne cellérière ; décédée le 8 février 1786 ; religieuse depuis 1718 (1).

Louise de Blanville, 1786; dernière sous-prieure ; religieuse depuis 1733.

---

qui était une branche des Monteynard, du Dauphiné. Joseph de Monteynard, sieur de Leyssaud, ancien capitaine au régiment de Sault, a été consul de Grenoble, en 1664 et 1665. Jean de Monteynard, né en cette ville au mois de décembre 1674, était en 1721, capitaine au régiment de Villeroy. Un autre Monteynard, son frère, travaillait en pratique à Paris, chez un avocat au conseil d'Etat du Roi. Dans le même temps, vivait à Grenoble, Hippolyte de Monteynard de Leyssaud, mariée à Pierre Fayolle, maître chirurgien, à qui elle survécut ; elle mourut le 6 mai 1750 en cette ville, à l'âge de 98 ans.

Cette Hippolyte de Monteynard veuve Fayolle et notre sous-prieure Marie de Monteynard de Leyssaud, étaient sœurs ; elles avaient pour frère, un religieux chartreux, le père dom de Monteynard, qui fut attaché à la Chartreuse de Villeneuve-les-Avignon. Il est parfois question de lui dans les comptes de recettes et dépenses de la maison de Prémol, parce que, à cause de sa sœur, il était le représentant naturel de cette communauté pour ses achats de provisions et denrées, faits en Provence et qu'il expédiait en Dauphiné.

(1) Famille venue d'un bâtard du dauphin Humbert II, à qui ce prince donna des terres et des rentes dans l'Oisans. Les premiers Viennois habitèrent même cette contrée, dans le voisinage de Vizille. Jacques de Viennois prend la qualité de protonotaire du Saint-Siège apostolique, en un acte où il assiste, comme témoin, et passé le 4 février 1520, dans la maison des Alberges, des religieuses de Prémol, à Vaulnaveys.

Autres officières.

Après la prieure et la sous-prieure prenaient rang l'ancienne, la sacristaine, la portière, la cellérière et la sous-cellérière.

Une religieuse, chargée de l'enseignement, avait le nom de maîtresse des novices.

On indiquait sous la dénomination d'Ancienne, une religieuse ayant exercé des fonctions dans la communauté et qui, à raison de son expérience et de son âge était appelée à faire partie du conseil d'administration du monastère. La cellérière et la sous-cellérière s'aidaient dans le maniement des affaires domestiques. Telle religieuse cellérière une année, pouvait être sous-cellérière une autre année. La portière avait la surveillance des bâtiments. A la sacristaine incombaient le soin et l'entretien particulier de la chapelle.

Dorothée de Garcin, après avoir été cellérière pendant plusieurs années, figure avec le titre d'Ancienne, immédiatement à la suite de la sous-prieure, dans les comptes de recettes ou de dépenses du monastère, de 1716 à 1720. Marie de Monteynard de Leyssaud, qualifiée aussi d'ancienne, appose sa signature au bas des comptes des années de 1723 à 1732. Une troisième religieuse Pétronille de Viennois, se signe, en 1746, après la sous-prieure, se qualifiant à la fois d'ancienne et de cellérière.

Nous devons annoter que, dans les comptes précédents, des années de 1653 à 1706, ne figure point d'Ancienne. Ces comptes sont réglés, arrêtés et signés par les religieux de la communauté, qualifiés d'officiers ainsi que par la prieure, la sous-prieure et quelques religieuses, au nombre de trois ou quatre, dont la dernière nommée est ordinairement la cellérière. Nous relatons, pour mention, les noms de ces religieuses, dans cette période d'un demi-siècle : Françoise du Motet, Catherine Falque, Marie Boussan, Catherine du Faure (1); Elisabeth de Garcin, Isabelle Chaboud, Anne-Marie Lefebvre, Marguerite Brun et Nicole Ollier (2).

La liste qui suit est celle de quelques sacristaines, portières, cellérières et sous-cellérières, dont nous avons trouvé les noms dans les actes, à dater de la seconde moitié du XVIIe siècle.

Marthe de Garcin, sacristaine, 1653, 1669.

Madeleine Rosset ou Rousset, cellérière, 1653, 1656.

Elisabeth de Garcin, cellérière, 1658, 1661.

Marie-Anne de Barral, cellérière, 1663, 1669.

Catherine Alleman, cellérière, 1678.

Elisabeth Chaboud, cellérière, 1682, 1684.

Catherine Chaboud, cellérière, 1689.

---

(1) Elle était fille de Benoît du Faure, co-seigneur de Saint-Martin-le-Vinoux ; elle signe quelquefois Catherine de Saint-Martin.

(2) D'une famille de Jallieu, près de Bourgoin. Nicolas Ollier, sieur de Champfort, testa en 1528. Son petit-fils, Claude Ollier, et son arrière petit-fils, autre Claude Ollier, prennent la même qualité de sieur de Champfort dans des actes de la seconde moitié du XVIIe siècle. Claudine Ollier, probablement nièce de Nicole Ollier était sous-sacristaine de Prémol, en 1760. On voit que les prénoms de Nicolas et Claude étaient fréquents dans cette famille.

Dorothée Chaboud, cellérière, 1699, 1716.

Marie-Emmérentianne de Barral, cellérière, 1716, 1731, devenue sous-prieure et ensuite prieure.

Catherine Chaboud ou Chaboud de Lorsière, portière, 1716, 1718, ancienne cellérière, devenue ensuite sous-prieure.

Marguerite de Morard, sacristaine, 1716, 1717 (1).

Dorothée de Garcin, ancienne, 1716, 1720, ancienne cellérière.

Marie de Garcin, portière, 1718, 1721.

Anne de Marnais-Beauvais, ancienne, 1722, 1723.

Marie de Monteynard de Leyssaud, ancienne portière, 1723, 1732; devenue ensuite sous-prieure.

Nicole Leclerc, sacristaine, 1725, 1729.

Marie-Antoinette Célinie de Moyria, cellérière, 1731, 1739; devenue ensuite prieure.

Marie-Françoise de Ferrus, ancienne, 1738, 1742; devenue ensuite sous-prieure.

Pétronille de Viennois, cellérière, 1739, 1747; devenue ensuite sous-prieure.

Marie-Louise Chauvet, sous-cellérière, 1739, 1747.

La même, cellérière, 1747, 1759.

Marguerite Vallet-Versin, s.-cellérière, 1747, 1759.

La même, cellérière, 1759, 1763.

Pierrette Chomat, sacristaine, 1759, 1765.

Claudine Ollier, sous-sacristaine, 1760, 1764.

Hélène-Marie de Galles, dernière sacristaine.

Louise-Thérèse-Rosalie de Luiset, dernière cellérière.

---

(1) De la même famille que Geneviève Morard, qui, deux siècles auparavant était prieure de Prémol.

Etat primitif de la Communauté.

Dans l'origine, la maison de Prémol n'eut d'abord, pour le service de l'église et la direction spirituelle de la communauté, qu'un seul religieux prêtre, qualifié de chapelain, recteur, vicaire ou supérieur.

A cette époque, des hommes animés d'un esprit d'abnégation, et des personnages distingués, les uns, par un rare mérite, d'autres, par des qualités réelles autant que par leur naissance, quittaient le monde et embrassaient, comme simples religieux, la vie monastique. Ils se vouaient et se donnaient à Dieu ; aussi étaient-ils connus sous les noms de donnés et de convers. Ces frères convers s'occupaient généralement du temporel de la maison ; à proprement parler, ils étaient les régisseurs des biens du monastère. Pour donner une idée de la haute estime qu'on avait pour ces convers, et la considération dont ils jouissaient, il suffira de dire que Thierry, fils naturel de l'empereur Frédéric Ier Barberousse a été convers de la Chartreuse de la Silve-Bénite, et qu'il fut employé, en des circonstances difficiles et délicates, comme médiateur, soit auprès de la cour de Rome, soit près de l'empereur d'Allemagne et d'Henri II, roi d'Angleterre (1).

Albert d'Echarène, d'une famille de la Savoie, et le

---

(1) Nous avons recueilli, sur ce convers, de curieux détails que nous pourrons publier dans un travail ayant pour titre : La Silve Bénite.

frère Ponce, furent deux convers de Prémol. Le premier, en 1245, et le second, en 1260.

Albert, convers, assista, comme témoin, à la déclaration que souscrivit, le dimanche avant la fête de l'Assomption 1245, la princesse Béatrix , veuve du Dauphin Guigues-André, de devoir à la maison de Prémol une rente annuelle de treize livres. Le frère Ponce est qualifié, à la fois, de convers et de Procureur, dans un acte du 17 des calendes de novembre 1260, où il reçoit, au nom des religieuses de Prémol, la donation que leur fait Guigues Alleman seigneur d'Uriage, d'une montagne appelée le Recoin.

Les choses ont depuis changé ; ces conversions ou vocations devinrent plus rares; les nouveaux convers ou frères donnés, ne furent plus que des frères lais, employés aux travaux corporels.

Plus tard, on adjoignit au vicaire ou recteur de Prémol deux autres chartreux, religieux prêtres : un coadjuteur, pour l'aider dans le service de l'église, et un procureur, pour les affaires temporelles de la maison.

Vicaires de la maison de Prémol , qualifiés aussi, da..s les actes, de recteurs et de supérieurs.

André, chapelain du monastère de Prémol. — Il fut présent, comme témoin, à la déclaration que le dimanche avant la fête de l'Assomption 1245, la dauphine Béatrix, veuve du dauphin Guigues-André, souscrivit en faveur de la maison de Prémol, de lui devoir une cense ou rente annuelle de treize livres, promise par les lettres de fondation de ce monastère ; laquelle rente n'avait point encore été assignée.

Vital d'Oysans (*de Oisencio*) en 1282. — Il accepta la vente que Pierre, Guigues et Jacques de Lisle, frères et Audise de Vieille Morte, femme d'Etienne de La Tour, firent au couvent de Prémol, le jour des nones de mars, jeudi après la fête de Saint-Marc de cette année, de leurs parts et droits dans la plaine et terrains occupés par le lac de Saint-Laurent (1).

Guiffrey de Virieu, 1284 et 1290. — Le jour des ides de février de cette dernière année, Jean de la Porte, de Saint-Laurent du lac, lui vendit, pour le couvent de Prémol, au prix de six cent vingt livres viennois, une terre située en la plaine de ce lieu, du contenu de 18 sétérées, avec maison, cour et jardin y contigus, dits au Reposoir (2), joignant le chemin qui tendait au pont du milieu ; dans cette vente étant compris le quart du droit qu'avait le vendeur dans la pêche du lac de Saint-Laurent.

Falco ou Falques, en 1304.

Guillaume de Crémieu, en 1312. — Il accepta, au nom des religieuses, la donation que leur fit le Dauphin Jean II, le lundi après la Nativité de Notre-Seigneur de cette année, du lac de Saint-Laurent et de

---

(1) Jeanne d'Oysans, nièce probablement de Vital d'Oysans, était sacristaine de Prémol, en 1341. Cette famille tirait son nom du pays de l'Oisans, où elle habitait.

(2) *In loco viridi, apud Recubitum.*

la pêche de ce lac. Le même Guillaume de Crémieu vivait encore en 1320.

Pierre de Salenche (*de Salenchio*), en 1341.

Guillaume Disdier, en 1359. — Son nom est rappelé dans une sentence arbitrale, du 2 mars de cette année, rendue au profit des religieuses de Prémol, contre Pierre de l'Isle, du lieu de Saint-Laurent du Lac, au sujet de la pêche dans la Romanche.

Jean Basset, en 1376.

Bertrand d'Avignon (*Avinionis*). — Il prend la qualité de vicaire et de procureur de Prémol, dans une transaction passée le 18 décembre 1389, entre ce monastère et la communauté de Saint-Laurent du Lac.

Antoine Anglois (*de Anglis*), en 1475.

Guillaume de Fay [*de Fayno*), en 1485.

Nicolas Thomé, en 1520. — Qualifié de procureur, prieur, vicaire et recteur de Prémol.

Giles Cognet, en 1616 et 1626. — Il reçut, à la date du 20 mars 1626, de Bruno d'Affringues, prieur de Chartreuse, général de l'ordre des Chartreux, une lettre de félicitation pour diverses réformes utiles qu'il avait établies à Prémol, dans l'administration de cette communauté.

Denis Le Blond, en 1636 et 1637.

Jacques de La Marre, en 1652 et 1674.

Benoît Le Tonnelier, en 1676 ; ancien procureur de Prémol.

---

(1) Guillette d'Avignon, probablement de la même famille, était religieuse à Prémol, en 1341.

Michel Vigneroux, 1678 et 1684.

Bonaventure Deyderet, en 1686.

François Henry, 1690 et 1693.

Jean-Baptiste Duport, en 1694. — Devenu ensuite prieur de la Chartreuse du Val de Sainte-Marie. Nous le croyons Dauphinois, de la même famille que le Chartreux, dom Pierre Duport qui testa en 1653. Ce dernier était frère de Michel Duport, châtelain de la terre de Champ, près de Vizille, et, en même temps, conseiller-secrétaire du Roi en la chancellerie du parlement de Grenoble.

François d'Orléans, 1695, 1697.

Joseph Chapelot, 1697, 1699.

Gaspard de la Grange, 1699.

François Faure, 1699, 1708.

Laurent Bonnot, prieur de Saint-Hugon, provisoirement chargé de la direction de Prémol, 1708 et 1709.

Jean Griffon, prieur de Saint-Hugon, supérieur de Prémol, en 1715.

Jacques Grosjean, 1715 ; décédé en 1725.

François Terrot, en 1725 et 1729.

Bonnaventure Chauvin, en 1730 ; nommé en 1736, prieur de Vaucluse. Les religieuses, lorsqu'il quitta le monastère, lui firent présent d'une montre neuve de poche, du prix de 108 livres.

Philiphe Quinon, en 1736 ; décédé en 1743. Il avait été, quelques années, procureur de Prémol, avant d'être appelé au vicariat de cette communauté.

Louis Lancieu, 1743 et 1756.

Barthelemi Marin, ancien procureur de Prémol.

Il prit possession de ce monastère, comme vicaire, le 25 août 1758 et l'administra jusques en 1783.

Jean Duchesne, 1783 ; sorti de charge, pour cause d'infirmités, le 1er octobre 1789 ; décédé le 18 mars 1790, à l'âge de 63 ans.

Antoine Nantas, en religion dom Basile, dernier vicaire de Prémol, entré en charge le 1er octobre 1789 ; il était alors âgé de 47 ans, et il comptait 27 ans de profession dans l'ordre des Chartreux.

Procureurs de la maison de Prémol.

Robert Lhuilier, en 1618.

Bénigne de Verdoney, 1637.

Jean-Baptiste Dieu, en 1652.

Jacques Le Couchois, nommé procureur le 20 mai 1653, l'était encore le 28 février 1669.

Benoît Letonnelier, 1674 ; devenu ensuite vicaire de Prémol.

Léonard Bonin, en 1682 et 1684.

Jacques Peyron, 1686 et 1690.

Félix de Fay de Villiers, en 1690 et 1696.

Marc Duperron, 1696 et 1700.

Thomas Chalvet, 1701, 1705.

Luc Carrier, 1710, 1711.

Thomas Roitard, 1715 et 1718.

Michel de Larnage, ancien coadjuteur de Prémol, nommé procureur de cette communauté en 1718 ; élu prieur de Saint-Hugon en 1731 ; devenu ensuite Général de tout l'ordre.

Philippe Quinon, en 1733 et 1736 ; nommé, cette dernière année, vicaire de Prémol.

Bruno Ricord, 1736, 1741.

Augustin Claret, 1741, 1744.

Barthelemi Marin, en 1745 ; nommé vicaire de Prémol en 1756.

Bruno du Fournel, en 1756 et 1761.

Bonnaventure Cantor, en 1761 ét 1764.

Martial Daru, 1770.

Jean-Claude Bonnière, en religion dom Hilarion, dernier procureur de la maison de Prémol ; il avait 60 ans et portait l'habit de Chartreux depuis 1753.

Coadjuteurs de la maison de Prémol.

Basile Léonard, en 1618.

François Guyn, 1652.

André Ronard, 1682 et 1683.

Jacques Peyron, 1684 ; chargé ensuite de la procure du même couvent.

François d'Orléans, 1690 ; nommé, en 1695, vicaire de la même maison.

Joseph Chapelot, 1695 ; nommé, en 1697, vicaire de Prémol.

Thomas Chalvet, 1697 ; nommé, en 1701, procureur de Prémol.

Barthelemi Vincent, 1701, 1703.

Henri Baboy, 1704, 1708.

Bonnaventure Chauvin, 1710, 1711.

Raphaël Chavagnat, 1715.

Michel de Larnage, 1715 ; nommé, en 1718, pro cureur de Prémol.

Bonnaventure Chauvin, rétabli en 1718 ; nommé, en 1730, vicaire de Prémol.

Bruno Ricord, 1730 ; passé à la procure de Prémol, en 1736.

Augustin Claret, 1736 ; nommé procureur de Prémol en 1741.

Bruno Ricord, rétabli, 1744.

Pierre Maillard, 1745, 1748.

Claude Morel, 1752.

Alexandre Bouchet, 1756 et 1784.

Pierre Rousset-Guelin, en religion dom Macaire, 1790 ; dernier coadjuteur ; il était religieux depuis 1788, et avait 52 ans d'âge.

Etat actuel de Prémol.

Supprimée de fait par la loi qui abolit les communautés et corporations religieuses, la Chartreuse de Prémol, dès ce moment, cessa d'exister légalement. Les religieux et les religieuses de la maison continuèrent néanmoins, par tolérance, à y vivre encore en communauté, plus d'une année, jusqu'à ce qu'on eût liquidé les pensions qui leur étaient dues. Pendant ce temps, ce furent les religieux eux-mêmes qui, en qualité de fermiers, gérèrent les biens laissés à leur disposition pour leurs besoins et ceux des religieuses.

Les biens, détachés du monastère, furent bientôt aliénés. Rien, toutefois, ne fut vendu ni distrait du vaste tènement qui formait l'enclos proprement dit de

Prémol. Ce tènement, d'une étendue considérable, comprend une surface de près de 400 hectares, ainsi évalués :

Surface boisée................ 354 hectares.
Prairies anciennes............. 42 —
Bâtiments et ancien cloître...... 1 —

Total.......... 397 hectares.

La forêt de Prémol et ses dépendances, confiées aux soins de l'administration forestière, firent partie, à titre d'apanage, des biens de la sénatorerie de Grenoble ; ce qui dura tout le temps du premier empire, de 1805 à 1814. Elles retournèrent alors à l'adminisnistration forestière. Le revenu de cette forêt a toujours augmenté. Il varie aujourd'hui entre 25 et 30,000 francs ; lorsque le siècle dernier, sous les religieux, le rapport des bois était bien modique.

Prémol est, par son isolement même et par sa solitude, un lieu qui a ses charmes. Il est un but de promenade pour les baigneurs d'Uriage, n'étant distant de cet établissement que d'environ deux heures de marche (1). Le parcours en est d'un accès facile, soit à pied, soit à dos de mulet, par un chemin tracé sur le flanc de la montagne, ombragé par de beaux noyers et de vieux châtaigniers.

Prémol se trouve à plus de 1000 mètres d'altitude ; ses pâturages, ses bois et ses souvenirs y attirent des visiteurs, des botanistes, des touristes et des chercheurs d'insectes rares (2).

_____

(1-2) Voir à la fin du volume l'*Itinéraire* ; consulter aussi les *Excursions Botaniques à Uriage.*

De Prémol on jouit d'une vue assez étendue et va-
riée ; l'œil du spectateur aperçoit une partie de la
plaine avec ses habitations et ses cultures ; mais il y
a là quelque chose qui attriste l'âme et l'afflige ; c'est
l'aspect de bâtiments en ruines, rappelant la destruc-
tion et la mort. A peine les religieuses eurent-elles
quitté le monastère, que les populations voisines l'en-
vahirent et en emportèrent jusques aux bois et aux
fers, en un mot, tout ce qu'elles crurent pouvoir utiliser. A ces ravages de l'homme se sont joints, depuis
près d'un siècle, ceux du temps et du climat. Il ne
reste plus de l'église et du cloître qu'un amas de dé-
combres : quelques pans de murailles, un portail à
plein cintre, une fenêtre à ogive avec ses trèfles et
des arceaux de voûte. Il n'est jusqu'au sol, au milieu
de ces ruines, qu'on dirait avoir été creusé, affouillé
et bouleversé partout. Il n'y a debout et de bien en-
tretenue qu'une seule maison, la seule habitée, celle
du garde forestier.

Assez près de là, coule un ruisseau, profondément
encaissé dans un ravin ; c'est le torrent de la Gorge.
Si on monte au-dessus du monastère, on trouve un
petit étang, le *lac Luitel*, entouré de prairies tour-
beuses qui semblent fléchir sous les pieds du visiteur.
De ces prairies peu solides est sans doute venue la
dénomination de Prémol, *pratum molle*, donnée à
cette partie de la montagne.

Après que les Chartreux, absents de leur désert
depuis 24 ans, eurent obtenu d'y rentrer, en 1816,
quelques anciennes relig uses de Prémol résolurent
de former, de leur côté, une congrégation qui leur

permît de vivre en communauté, suivant les statuts de leur ordre. Elles s'établirent d'abord à l'Osier, près de Parménie. Ce lieu leur souriait à cause du voisinage d'un site où avait existé une Chartreuse fondée en 1252, par la maison de Prémol, qui comptait alors à peine dix-huit ans d'existence. Tenant ensuite à se rapprocher de la Grande-Chartreuse, elles se fixèrent, en 1821, à Beauregard, sur la commune de Coublevie. Leur congrégation a été approuvée et autorisée par une ordonnance royale du 17 janvier 1827. Ajoutons que, pour mieux se rattacher à l'ancienne communauté de Prémol, ces nouvelles fondatrices en ont fait exhumer les restes de quelques-unes de leurs compagnes, du siècle passé, qu'elles ont transférés dans leur cimetière particulier, afin qu'ils servent, comme d'un trait d'union, entre les Chartreuses d'autrefois et celles d'aujourd'hui.

Quelques mots sur la Chartreuse de Beauregard, faisant, en quelque sorte, suite à celle de Prémol.

Les anciennes religieuses de Prémol, qui concoururent à la fondation de la nouvelle communauté de Chartreuses de l'Osier ou de Beauregard, furent : Jeanne-Cétinie de Morthon (1); Marianne-Rosalie de

---

(1) Elle mourut le 12 janvier 1820, juste à l'époque de la réunion des anciennes religieuses à l'Osier, dont elle ne put ainsi faire partie.

Colombet et Marie-Marguerite-Adélaïde du Gros de
Serre (1). A elles se joignirent : Agathe de Veyrines (2) et Marie-Baptistine-Eulalie Hevrard de Font-
Galand (3), deux anciennes Chartreuses de la maison
de Salettes (4) ; Anne-Louise-Marie Badin (5) et
Marie-Joséphine Mollot (6), deux anciennes Chartreuses de la maison de Miolans, en Savoie, et Madeleine
de Colombet (7), ancienne religieuse bénédictine de
l'abbaye de Saint-Andoche, en Bourgogne, sœur de
Marianne-Rosalie de Colombet. Deux anciennes
données de Prémol : Catherine Colonel et Cécile
Billion s'adjoignirent aux mêmes religieuses (8).

---

(1) Sœur du Gros de Serre. En sortant de Prémol, elle s'é-
tait retirée à Gap, dans sa famille ; décédée le 29 mars 1842,
étant la dernière religieuse de Prémol.

(2) Sœur de Veyrines. Née à Bas (Haute-Loire), le 20 mars
1760 ; professe de la maison de Salettes, du 24 juin 1782 ;
décédée le 23 septembre 1833.

(3) Sœur Hevrard de Font-Galand. Née à Saint-Gervais
(Isère), le 23 avril 1764 ; professe de la maison de Salettes, du
6 octobre 1782 ; décédée le 28 janvier 1830.

(4) La Chartreuse de femmes de Salettes, commune de La
Balme, près de Crémieu, fondée par la dauphine Anne, en 1289.

(5) Sœur Badin. Née à Vienne, le 17 mai 1757 ; professe de
la maison de Miolans, du 24 juin 1784 ; décédée le 21 octobre
1842, étant la dernière des anciennes religieuses chartreuses.

(6) Sœur Mollot. Née à Chamoux (Savoie), le 29 juillet
1754 ; professe de la maison de Miolans, du 17 janvier 1777 ;
décédée le 15 mars 1832.

(7) Sœur Madeleine Colombet, décédée le 15 février 1838.

(8) Ces deux anciennes sœurs données de Prémol, sont dé-
cédées : Catherine Colonel, le 2 novembre 1825, et Cécile Billion, le 6 décembre 1830.

Tel a été le noyau de la nouvelle maison de Chartreuses.

Ce fut la sœur Hevrard de Fond-Galand qui, le
2 décembre 1819, fit l'acquisition de l'ancien couvent
des Augustins de l'Osier, alors section de la commune
de Vinay. Les religieuses en prirent immédiatement
possession ; mais, dès l'année suivante, ayant acheté,
comme étant plus à leur convenance, le domaine de
Beauregard, sur la commune de Coublevie, elles quittèrent l'Osier pour se fixer d'une manière définitive
à Beauregard, où elles entrèrent vers la fin d'octobre
1821, avant même que fût passé leur acte d'acquisition, signé seulement le 19 février 1822.

L'installation de la communauté religieuse se fit,
le jeudi 6 juin 1822, jour de la fête du Saint-Sacre-
ment, par l'évêque Claude Simon, assisté de l'abbé
Bouchard, son vicaire général et d'un chanoine de
la Cathédrale, Ange Jouffrey, secrétaire de l'é-
vêché (1). A cette cérémonie furent présents: dom
Raphaël Messy, vicaire de la communauté, et deux
religieux chartreux, délégués par le prieur général
de l'ordre. L'évêque bénit les habits, en revêtit les
anciennes religieuses, les deux données et deux postulantes.

On procéda en même temps à l'élection des officières ; elles furent nommées dans cet ordre : Anne-

---

(1) Ce chanoine prit constamment le plus grand intérêt à la
maison de Beauregard, dont il fut l'un des principaux bienfaiteurs. Il est décédé le 21 février 1844, et a été inhumé dans
le cimetière de cette communauté.

Rosalie de Colombet, prieure; Marie-Baptistine-Eulalie Hevrard de Font-Galand, sous-prieure; Marie-Marguerite-Adélaïde du Gros de Serre, maîtresse.des novices; Anne-Louise-Marie Badin, sacristaine, et Agathe de Veyrins, cellérière (1).

L'évêque déclara la clôture reprise, et ferma, lui-même, toutes les portes du monastère, dont il remit les clefs à la prieure.

La nouvelle communauté se trouva ainsi composée de sept religieuses, de deux sœurs données et de deux postulantes: Marie-Anne Accary (2) et Marie-Roseline Brondel (3), toutes les deux du département de l'Isère.

En terminant cet article, nous exprimons le regret que les anciennes religieuses de Prémol, qui s'occupèrent, en 1821, du transfert des restes de quelques-unes de leurs anciennes compagnes, du cimetière, de leur communauté d'autrefois, à celui de Beauregard, n'aient pas songé aussi aux restes de la dauphine Béatrix, fondatrice du monastère, ni à ceux de son fils, le dauphin Guigues VII. La chose, alors facile d'après les indications des lieux qu'avaient ces religieuses, ne paraît plus désormais possible, à cause du

---

(1) Nommée, en 1830, sous-prieure, en remplacement de Marie-Baptistine-Eulalie Hevrard de Fond-Galand, décédée.

(2) Née à Chatte, près de Saint-Marcellin. Elle a été 18 ans prieure de Beauregard, et, ensuite, sous-prieure de la Chartreuse des Saints-Cœurs, à la Bastide de Saint-Pierre, près de Montauban, où elle est décédée le 6 septembre 1861.

(3) Née à Saint-Jean-de-Moirans; décédée, à Beauregard, en 1853.

bouleversement du sol; quoiqu'on sache que leurs tombeaux étaient dans l'église, près du grand autel (pages 40 et 93).

NOTES

Ayant eu occasion de citer, plusieurs fois. le nom d'un très digne chartreux, dom Michel de Larnage, nous avons cru devoir ajouter ici les renseignements suivants, afin de compléter ceux que nous avons donnés, déjà, dans le courant de cette notice.

Michel de Larnage appartenait à l'ancienne famille Brunier de Larnage, venue de Guillaume Brunier; dont le frère Jacques Brunier était chancelier du dauphin Humbert II, en 1343. Il naquit, dans le diocèse de Vienne, le 5 mai 1689 (1); il fit profession le 9 septembre 1715. Envoyé, dès cette année à Prémol, il y remplit d'abord les fonctions de coadjuteur et, ensuite, celles de procureur de 1718 à 1731, époque à laquelle il fut nommé prieur de Saint-Hugon le 12 novembre

---

(1) Le registre des professions de la Grande-Chartreuse le qualifie de Viennois (*Viennensis*).

7

de cette dernière année. Il occupait cette charge depuis sept ans seulement lorsqu'il fut, le 10 avril 1737,
élu prieur de la Grande-Chartreuse et général de
l'ordre. Il est mort le 1er octobre 1758 (page 48).

En 1738, fut tué un cerf dans la forêt de Prémol.
A diverses époques on y en avait vu, ainsi que dans
le massif des montagnes de la Chartreuse, qui tiennent
à la Savoie par Saint-Pierre-d'Entremont. Une biche
ayant paru, en 1620, dans un vallon de la Chartreuse,
on organisa une battue. L'animal fut tué ; mais il en
coûta la vie à l'un des chasseurs, Jean Baffert, tué d'un
coup d'arquebuse que déchargea sur lui, par une fa-
tale imprudence, un autre chasseur, Louis Bigillion,
notaire du pays. Celui-ci avait remarqué de légers mou-
vements derrière des broussailles ; il crut que là
s'était réfugiée la proie qu'il poursuivait. Il visa, fit
feu ; malheureusement la balle alla frapper son com-
pagnon de chasse qui, de son côté, embusqué sur ce
point, y attendait la biche à son passage.

Ce grave accident donna lieu à une information
judiciaire, ensuite de laquelle Bigillon, ayant re-
couru au Roi, en obtint des lettres de grâce, qui
furent enregistrées au parlement de Grenoble.

Une biche a été prise dans les bois de Prémol, en
1743, par les domestiques du couvent ; on y a pris
aussi un cerf et une biche en 1763 ; on y a pris aussi
un cerf et une biche en 1763 (page 53).

Nous avons mentionné deux chartreux, les frères Bruno Izard et Pierre Liotard, chargés de la pharmacie de Prémol. Bien avant le frère Bruno, dès l'année 1664, la même pharmacie était confiée aux soins d'un frère Lazare. Le registre des dépenses de la communauté, de cette année, relate une somme de soixante-trois livres, employée à *l'achat de quelques drogues, pour la boutique* de ce frère. Un autre frère chartreux, le frère Nicolas, dirigeait la pharmacie de la Grande-Chartreuse. Nous constatons ces faits parceque, probablement, les chartreux s'occupaient à cette époque déjà de la confection de leurs élixirs.

Plus tard, en 1738, nous trouvons que nos religieuses de Prémol achetaient *en Chartreuse*, une grande fiole d'*élixir végétal*. Son coût n'est point indiqué, étant, avec celui de plusieurs autres articles, compris sous le chiffre d'une somme totale, sans autre détail de ces articles que leur seul nom (page 55).

———

Marie-Madeleine Brochier, dernière prieure de Prémol, est décédée le 4 mai 1792, à l'âge de 76 ans (page 76).

———

Outre la maison de religieuses chartreuses de Beauregard, il y a, aujourd'hui, en France, deux autres maisons de religieuses de cet ordre, qui sont : la Chartreuse des Saints-Cœurs, à la Bastide de Saint-Pierre, près de Montauban (Tarn-et-Garonne), fondée en 1854, et la Chartreuse de Notre-Dame-du-Gard, près de Picquigny (Somme), fondée en 1870 (page 94).

———

Les religieuses de Prémol possédaient à Grenoble, au territoire des Granges, au mas du Petit-Drac ou Dravet, un domaine dit la Tour, communément appelé, du nom de ses propriétaires, la Tour de Prémol et quelquefois simplement Prémol. Elles en firent l'acquisition, vers l'an 1470, de Guigone de Vaulnaveys, fille et héritière d'André de Vaulnaveys, veuve d'André Dury, avocat fiscal ou procureur du Roi au parlement de Grenoble. Ce même domaine, par une raison semblable s'appelait, alors du nom de ses précédents propriétaires, Tour de Vaulnaveys. La famille de Vaulnaveys le possédait dès l'année 1270.

De leur côté, les religieuses de Prémol, bien avant qu'elles achetassent la Tour dont nous parlons, détenaient déjà d'autres immeubles, dans son voisinage aux Granges. Le tout, réuni, leur fit une vaste propriété d'un contenu d'environ 130 sétérée (48 h. 98 a. 40 c.), qui, dans les derniers temps, en 1781, était affermée en argent 3300 livres. Le fermier devait, de plus, fournir chaque année 80 setiers de blé seigle porté et rendu aux Auberges à Vaulnaveys et 100 quintaux du meilleur foin du cru, rendu au domaine des religieuses à Mantonne, à la Tronche.

D'après la carte de l'Etat-major, feuille de Grenoble,

la position du colombier actuel du domaine de la
Tour de Prémol se trouve à une altitude de 242 mètres ; égale à peu de choses, à celle du sommet du
clocher de l'église de Saint-Joseph, de cette ville,
qui est à 246 mètres (page 27).

EXCURSION

A LA CHARTREUSE DE PRÉMOL

De *Grenoble* à *Uriage*, 12 k. (fréquents services de voitures; départ, place Grenette).

D'Uriage, on se rend au hameau de *Saint-Georges* situé au sud, en suivant dans toute sa longueur une allée de marronniers et tilleuls et tournant à gauche, en passant à côté d'une tuilerie (8 minutes de l'établissement).

A Saint-Georges, château moderne du général baron de Chabaud-Latour, scierie et pont sur le torrent de *Recoin*. Belle vue sur la vallée de Vizille et les montagnes de Laffrey.

De là au hameau de *Belmont*, 15 m.; végétation superbe.

De Belmont à *Montgardier* (15 m.), la pente devient raide; le chemin tourne à gauche; bifurcation du chemin de *Vaulnaveys*.

On atteint un groupe de maisons (15 m.) Petit ruisseau (5 m.). Au hameau du *Gua* (15 m.) bifurcation; on prend le chemin de gauche et en quelques instants on arrive à la *Croix de Prémol* ou *Croix marron* (800 m. d'altitude).

[A 500 m. au nord *Clos du Merle*, où commence le route forestière qui se dirige vers le *Clos Charitas*, puis vers la jolie *prairie de Gaudet*] (1).

(1) Voir *Coup de crayon Champroussien*, par le prince Al. Bibesco (*Dauphiné*, n° 865) et *Excursion à Pré Gaudet*, par E. Dubois, 1 br. in-12, 0,50. Nous devons en outre une partie de ces notes à l'obligeance de M. Boiton, géomètre forestier.

De là le chemin tend directement vers Prémol, traverse une belle forêt de sapins et arrive en 30 m. à l'ancienne *Chartreuse* et à la *maison forestière* de PRÉMOL (2 h. d'Uriage, — 1074 m. d'altitude).

Le garde forestier est autorisé, sous certaines restrictions, à fournir lits et nourriture ; tarif.

A gauche du bâtiment forestier, ruines de la *Chartreuse de Prémol* (2).

[Il existe un sentier bien connu du garde forestier entre la maison forestière de Prémol (1074 m.) et celle du Marais sur Saint-Martin-d'Uriage (1130 m.), une heure de marche.]

[De Prémol aux pâturages de Champrousse, chemin facile bien entretenu. Chalet Tasse (1850 m. d'altitude). Des pâturages à la *Croix de Champrousse*, chemin d'ânes et mulets.]

De la Chartreuse au *Col de Prémol* et au *lac Luitel* (1240 m. d'alt.), 35 minutes.]

On peut redescendre, soit par le même chemin, soit par Séchilienne, au sud.

[Par Séchilienne : du lac Luitel à la *Croix du Col*, 10 m. Belle route de la Croix à *Séchilienne* (hôtel du Petit-Versailles chez le brave père Boissac, sur la route nationale de Briançon). De Séchilienne 1° à la gare de Vizille, 10 k. ; 2° à Uriage par Vizille, 16 k.]

---

(2) Pour la description et l'historique, voir la *Chartreuse de Prémol* par J.-J.-A. Pilot de Thorey, archiviste de l'Isère, 1 vol. in-12.

L.-Xavier DREVET.

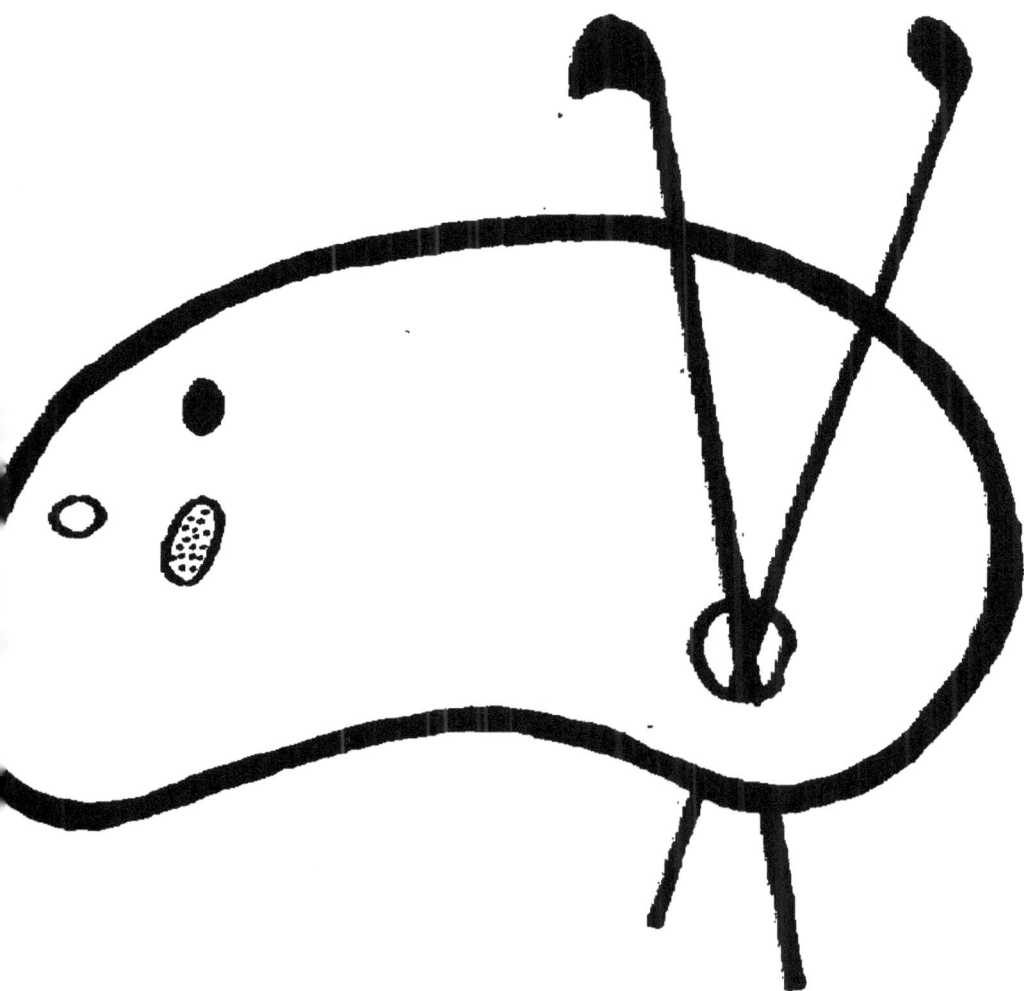

ORIGINAL EN COULEUR
NF Z 43-120-8